Albtraum Mobbing

Rosemarie Körner

Albtraum Mobbing

Hilfe zur Selbsthilfe
bei Konflikten im Beruf

ISBN 3-921262-27-5
2. Auflage 2004
© Verlagsgesellschaft W. E. Weinmann mbH, Filderstadt

Verlag: Verlagsgesellschaft W. E. Weinmann mbH
            Karl-Benz-Straße 19
            70794 Filderstadt
            Telefon 07 11/70 01 53-0 · Telefax 07 11/70 01 53-10
Titelfoto: Bernd Zoller

Inhaltsverzeichnis

Vorwort

Wie ich dazu komme mich mit dem Thema Mobbing zu befassen?

Ich bin als Kind der Nachkriegszeit im Raum Stuttgart geboren, habe zwei Berufe gelernt und dann in einem ganz anderen gearbeitet – ich war Technische Dokumentatorin und Redakteurin. Als ich 45 Jahre alt war musste die Firma, für die ich arbeitete, aufgrund der Rezession schließen, und ich war arbeitslos. Nach neun Monaten Arbeitslosigkeit fand ich trotz meines „Alters" wieder Arbeit – mein neuer Chef wollte eine Mitarbeiterin, die nicht wegen Schwangerschaft ausfällt.

Die Tatsache, dass ich die Neue war, die Älteste, branchenfremd und nicht auf den Mund gefallen, brachte mir nicht nur Sympathien ein. Mir wurde nachgesagt, ich hätte an Teilen meiner Arbeit kein Interesse, wäre frech und unhöflich, langsam, schlampig und wohl schon ziemlich verkalkt.

Was tun? Ich brauchte die Arbeit, um zu leben. Die Situation am Arbeitsmarkt war angespannt, an Wechsel nicht zu denken. Also musste ich einen Weg finden, mit der ungewohnten Situation klarzukommen. Der Begriff „Mobbing" war relativ neu aber ich war sicher, genau dieses gerade zu erleiden.

Ich suchte über die örtliche Presse Kontakt zu anderen Menschen, die in einer ähnlichen Situation waren, und gründete eine Selbsthilfegruppe. Diese besteht seit 1992 und jeden Monat kommen neue Teilnehmer hinzu; das Problem Mobbing besteht weiter und ist so akut wie nie.

In der Arbeit mit Selbsthilfegruppen hat sich für mich ein Weg abgezeichnet, wie man mit Mobbing umgehen kann, ohne Angst vor Kurzschlussreaktionen und mit der Möglichkeit, traumatische Erlebnisse in einer Gruppe aufzuarbeiten. In manchen Fällen ist auch die Einzelhilfe sinnvoll, aber sie sollte meiner Ansicht nach nicht zur Dauertherapie werden. Therapie bräuchten eigentlich die Mobber, aber das müssen diese selbst merken. Wir „Geschädigten" waren ursprünglich gesund, uns ist von außen Schaden zugefügt worden.

Im Inneren sind wir nicht weniger „normal" als der Durchschnitt der Menschheit. Dieses Gefühl der Normalität, einer tiefen „Selbst"-Sicherheit, gilt es wieder zu finden und zu aktivieren.

Ich habe die tiefe Überzeugung, dass jeder Mensch über alle Fähigkeiten verfügt, die sein Leben erfordert. Das gibt mir eine große Sicherheit, denn ich bin nicht mehr abhängig von irgendwelchen „Übermenschen". Ich kann selbst für mich sorgen und wenn ich Beistand brauche, kann ich diesen für eine gewisse Zeit auch wählen, um mich zu unterstützen. Niemals würde ich aber mein Schicksal jemandem anvertrauen – nach dem Motto: „Sie werden schon das Beste für mich tun." Kein anderer Mensch kann wissen, was für mich das Beste ist. Das muss ich selbst immer wieder neu für mich definieren. Wenn das andere täten, wäre ich sicher bald unzufrieden.

Mein Leben ist durch die vielen Menschen, die ich auf ihrem Weg begleiten durfte, reich und interessant geworden, und so paradox das klingt, heute bin ich dem Schicksal dankbar dafür, dass ich mich mit Mobbing so gut auskenne und dadurch anderen Stütze in schwieriger Zeit sein kann.

I   Die Theorie – Was ist Mobbing?

1.   Ist das Mobbing?

Häufig beginnt schleichend, was irgendwann einmal ein riesiges Problem werden kann. Das Verhalten der Kollegen hat sich verändert – sie reagieren gereizt, kritisieren unberechtigt, man bekommt keine Informationen mehr. Die Palette der Angriffe ist scheinbar grenzenlos.

Der Chef beobachtet Sie ständig, fragt immer wieder, wann die Arbeit endlich fertig ist, ob Sie eventuell überlastet sind, oder er brüllt einfach nur noch, anstatt mit Ihnen zu reden. Sie versuchen herauszufinden, was der Grund für diese Angriffe sein könnte und suchen ihn in Ihrem eigenen Verhalten, in Ihrer Leistung.

Ist das Mobbing? Das passiert doch nicht mir! Das ist doch alles nur Einbildung und Hysterie, das sind so Sensibelchen, die dauernd glauben, man müsse sie in Watte packen. Ich bin doch anders, mit mir kann man reden.

Das Thema Mobbing ist nicht neu. Zunehmender Leistungsdruck und Konkurrenz in der Arbeitswelt führen zu einer Zunahme des Problems. Etwa 1,5 Millionen Menschen sind derzeit in Deutschland davon betroffen. Dabei gibt es Mobbing nicht nur in den unteren Hierarchien der Wirtschaft, auch bei Akademikern kennt man das Problem.

In unseren Gesetzen kommt der Begriff Mobbing noch nicht vor. Es gibt zahlreiche Initiativen, die dafür kämpfen, dass sich dies ändert. Das Problem bei Mobbing ist jedoch die schlechte Beweislage. In den seltensten Fällen kann vor Gericht ein hieb- und stichfester Beweis vorgelegt werden. Inzwischen hat das Landgericht Erfurt ein Grundsatzurteil *(Az: 5 Sa 403/2000 vom April 2001)* gesprochen, das genau diesen Tatbestand berücksichtigt. Sicher werden andere Urteile folgen und damit wenigstens die schlimmsten Demütigungen und Kränkungen juristisch als solche anerkannt und abgemahnt. Aber welches Mordopfer wurde jemals wieder lebendig, wenn sein Mörder bestraft wurde? Ich meine, es muss noch ein Leben „vor dem Gericht" geben. Wenn ich meinen Arbeitsplatz und meine Gesundheit erhalten will, muss ich ganz schnell steuernd eingreifen, sobald ich das Problem als Mobbing erkenne.

2.   Eine Definition

Der Begriff „Mobbing" leitet sich von dem englischen Verb „to mob" ab. Übersetzt werden kann es mit „angreifen", „anpöbeln", „über jemanden herfallen". Es wird damit ein Phänomen beschrieben, das auch in anderen Industrieländern bekannt ist.

Aber nicht alles, was unangenehm ist, ist auch gleich Mobbing. Das fassen die Autoren Axel Esser und Martin Wolmerath in ihrem Buch „Mobbing-Ratgeber für Betroffene und ihre Interessenvertretung" zusammen:

Mobbing ist nicht ...

* *Feindseligkeit und Konflikte zwischen Abteilungen und Gruppen*
* *Diebstahl durch Kollegen*
* *persönliches Desinteresse oder Antipathie einer Person gegenüber*
* *ungerechte und unsoziale Behandlung, die hart, aber nur kurzfristig zur Wirkung kommt*
* *Ausnutzung von Informationsvorsprung, Vorteilsnutzung für Karrieresprünge*

Mobbing wird erst dann daraus, wenn das Ziel einzelne Personen sind, die Handlungen über längere Zeit regelmäßig andauern und die Betroffenen dies als Belastung empfinden.

In zahlreichen Studien hat sich u.a. Professor Heinz Leymann (1932–1999) mit diesem Thema beschäftigt. Er war ein Kämpfer für Betriebsvereinbarungen gegen Mobbing und hatte an der Universität Umea (Schweden) einige Jahre den Lehrstuhl für Arbeitswissenschaft inne. Seine Definition von Mobbing lautet:

„Unter Mobbing wird eine konfliktbelastete Kommunikation am Arbeitsplatz, unter Kollegen oder zwischen Vorgesetzten und Untergebenen verstanden, bei der die angegriffene Person unterlegen ist und von einer oder einigen Personen systematisch, oft während längerer Zeit, mit dem Ziel und/

*oder dem Effekt des Ausstoßens aus dem Arbeitsverhältnis
direkt oder indirekt angegriffen wird und welche dieses als
Diskriminierung empfindet."*

Leymann hat das Problem Mobbing in Studien erforscht und in
einigen Büchern beschrieben. Dabei hat er immer wiederkehrende
Handlungen beobachtet und diese in fünf Angriffsbereiche unter-
teilt.

**Die fünf Angriffsbereiche mit den 45 Mobbinghandlungen nach
Leymann (1993)**

1. *Angriffe auf die Möglichkeit, sich mitzuteilen*
    *Der Vorgesetzte schränkt die Möglichkeiten ein, sich zu
    äußern*
    Man wird ständig unterbrochen
    Kollegen schränken die Möglichkeit ein, sich zu äußern
    Anschreien und lautes Schimpfen
    Ständige Kritik an der Arbeit
    Ständige Kritik am Privatleben
    Telefonterror
    Mündliche Drohungen
    Schriftliche Drohungen
    Kontaktverweigerung durch abwertende Blicke und Gesten
    *Kontaktverweigerung durch Andeutungen, ohne dass man
    etwas direkt ausspricht*

2. *Angriffe auf die sozialen Beziehungen*
    Man spricht nicht mehr mit dem Betroffenen
    Man lässt sich nicht ansprechen
    Versetzung in einen Raum weitab von den Kollegen
    *Den Arbeitskollegen wird verboten, den Betroffenen
    anzusprechen*
    Man wird wie Luft behandelt

3. *Angriffe auf das soziale Ansehen*
    Hinter dem Rücken wird schlecht gesprochen
    Man verbreitet Gerüchte
    Man macht jemanden lächerlich

Man verdächtigt jemanden, psychisch krank zu sein
Man will psychiatrische Untersuchung erzwingen
Man macht sich über eine Behinderung lustig
Man imitiert Stimme, Gesten, Gang mit dem Ziel, jemanden lächerlich zu machen
Man greift politische oder religiöse Einstellungen an
Man macht sich über das Privatleben lustig
Man macht sich über die Nationalität lustig
Man zwingt jemanden, Arbeiten auszuführen, die sein Selbstbewusstsein verletzen
Man beurteilt Arbeitsleistung falsch oder in kränkender Weise
Man stellt Entscheidungen des Betroffenen in Frage
Man ruft obszöne Schimpfworte oder entwürdigende Ausdrücke nach
Sexuelle Annäherungen oder verbale sexuelle Angebote

4. **Angriffe auf die Qualität der Berufs- und Lebenssituation**
Man weist keine Arbeitsaufgaben zu
Man nimmt die Möglichkeit weg, irgendeine Beschäftigung auszuüben
Man erteilt sinnlose Aufgaben
Man erteilt Aufgaben weit unter der persönlichen Qualifikation
Man gibt ständig neue Aufgaben
Man gibt kränkende Aufgaben
Man gibt Arbeitsaufgaben, die seine Qualifikation übersteigen mit dem Ziel, ihn zu diskreditieren

5. **Angriffe auf die Gesundheit**
Zwang zu gesundheitsschädigenden Aufgaben
Androhung von Gewalt
Anwendung leichter Gewalt, Denkzettel verpassen
Körperliche Misshandlung
Verursachung von Kosten zu Lasten des Betroffenen mit Schädigungsabsicht
Physischen Schaden anrichten am Arbeitsplatz oder im Heim des Betroffenen
Sexuelle Handgreiflichkeiten

3.   Meine Mobbing-Philosophie

Es gibt viele Untersuchungen darüber, wo die Merkmale des „typischen" Mobbing-Opfers liegen. In der Selbsthilfegruppe werden wir oft gebeten, Fragebögen auszufüllen, um dem auf den Grund zu gehen. Mir ist noch kein Fragebogen untergekommen, der sich mit den Eigenschaften des „typischen" Mobbers so grundlegend befasst hätte.

Um sinnvolle Gegenmaßnahmen ergreifen zu können, sollte der Ursprung des Übels mit einiger Sicherheit erkannt werden. Ich habe mich auf die Suche nach einer Erklärung gemacht. Nichts auf der Welt geschieht ohne Grund, ohne Bedingungen. Die ganze Erde ist ein sehr gut funktionierendes System und ich fragte mich, nach welchen Regeln funktioniert Mobbing.

Die Erscheinungsformen von Mobbing sind so vielfältig wie das Leben selbst: Es gibt unzählige Blumen, Käfer, Fische, Pflanzen, Gesteinsformationen. Manche gleichen sich, und doch ist jedes einzelne Lebewesen ein Unikat. Trotzdem sind die Grundbedürfnisse die gleichen: Ohne Wasser und Licht gäbe es kein Leben.

Die Grundbedürfnisse des Menschen sind von Biologen und Philosophen definiert worden und man kann sie sich als eine Pyramide vorstellen, wie es Abraham A. Maslow in seinem Werk „Motivation und Persönlichkeit" auf dem Gebiet der Motivationsforschung dargestellt hat. Ich habe diese Pyramide in groben Zügen nachgezeichnet:

Motivationsstruktur des Menschen

**Wachstums-
bedürfnisse**

**Selbst-
verwirklichung**

**Mangel- bzw.
Defizit-
bedürfnisse**

Ich-Bedürfnisse
Prestige, Status,
Anerkennung und Ansehen

Soziale Bedürfnisse
Zugehörigkeit, Kontakt,
Persönliche Zuwendung

Sicherheitsbedürfnisse
Schutz vor Gefahren,
Daseinsicherung, Zukunftsvorsorge

Physiologische Bedürfnisse
Essen, Trinken, Schlafen, Reproduktion

Mobbing-Angriffe gehen gegen sämtliche Bereiche, die in dieser Darstellung aufgeführt sind. Sie sind darauf ausgerichtet, eine Person so zu verletzen, dass sie Schaden erleidet und daran eventuell auch zu Grunde geht.

Wie funktioniert das?

Die Darstellung der Pyramide zeigt, dass sie, bis auf die Spitze, nur aus Mangel- bzw. Defizitbedürfnisse besteht. Das bedeutet für mich, dass immer dann, wenn ein Mangel an Essen vorliegt = das heißt, wenn ich Hunger habe, in mir das Bedürfnis entsteht, dieses Hunger-Bedürfnis zu befriedigen indem ich etwas esse.

Mangel-Meldung:	Befriedigung:
Hunger	essen
Angst	Schutz suchen
Einsamkeit	Kontakt suchen
geringer Status	Aus-/Weiter-Bildung

Es gibt verschiedene Möglichkeiten, einen Mangel zu befriedigen, die persönliche Wertestruktur gibt den Weg dazu vor. Ich kann mir Essen stehlen, ich kann es auch legal erwerben. Ähnlich ist es mit allen anderen Bereichen, bis hin zur Selbstverwirklichung, denn ich kann heute sogar die Doktorwürde kaufen, um dann damit meine persönlichen Vorstellungen zu realisieren.

Die erstrebenswerten Dinge wie gutes Essen, Geld und Ansehen liegen nicht einfach so am Straßenrand. Sie sind vom Schicksal gegeben, erlernbar oder käuflich, die Verteilung erscheint den meisten Menschen ungerecht. Ich könnte lange Aufzählungen machen von Dingen oder Eigenschaften, die ich mir wünsche und die jemand anderes hat, vielleicht sogar ohne sie so zu schätzen wie ich das tun würde. Umgekehrt habe ich sicherlich auch einige Leute in meinem Umfeld, die mich beneiden.

Wenn mir jemand etwas wegnehmen möchte, dann braucht er das entweder oder er meint, ich hätte zuviel davon. Wenn er mich nur schlichtweg ärgern möchte, hat er wohl zu wenig Zufriedenheit und/oder Ausgeglichenheit.

So sehe ich es auch bei Mobbing:

> Jemand hat einen Mangel und glaubt
> dieser würde verschwinden,
> wenn ich auch einen Mangel habe.

Es ist sozusagen ein **„negativer" Ausgleich,** weil mir etwas weggenommen wird, das der Täter nicht für sich selbst einsetzen kann. Es dient nur dazu, seine Macht über mich zu demonstrieren und damit seine Stellung abzusichern oder zu verbessern.

Irgendwann wird dieser „Mangel-Mensch" einsehen müssen, dass sein Verhalten zwar vordergründig erfolgreich ist, indem er jedes Leben um sich herum zerstören kann. Letztlich bleibt er aber alleine übrig und es ist auch keiner mehr da, der ihn achtet, mit dem er reden könnte und der ihn mag.

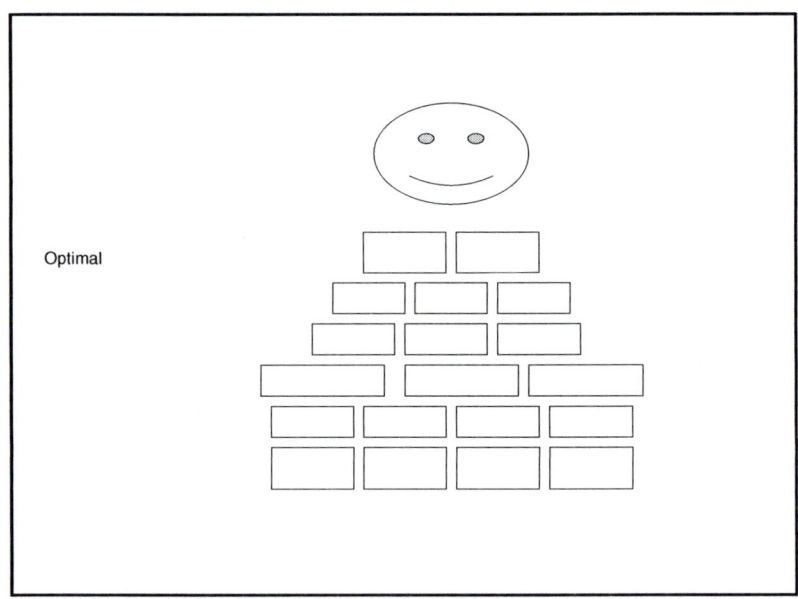

Optimal

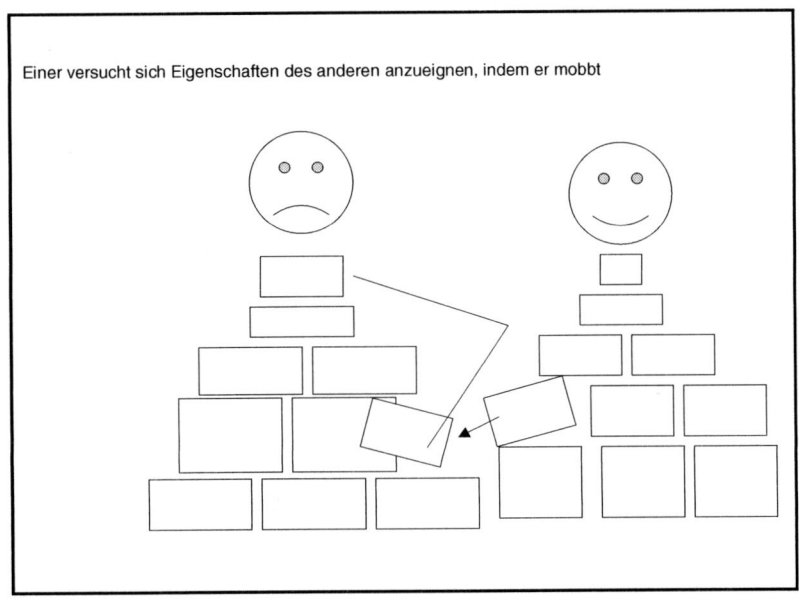

Die schlimmste Erfahrung ist für mich zu spüren, dass mich jemand vernichten möchte. Entsetzen lähmt die Gedanken und Gefühle. Wenn ich nach dem Motto „Auge um Auge ..." mit der Bedrohung umgehe, muss auch ich Schaden zufügen, um mein „Leben" zu retten? Dann wäre ich ja genau so ein niederträchtiger, heimtückischer Typ! Das könnte ich nicht mit meinen Werten vereinbaren und habe deshalb nach anderen Möglichkeiten gesucht.

Der „positive" Ausgleich als Alternative:
„Ich sehe, Sie haben das Bedürfnis, mir zu schaden – kann ich etwas dafür tun, dass Sie Ihr wahres Bedürfnis erkennen?" Ich stelle mir vor, ich stünde vor dem Mobber und würde ihn das fragen. Sie sagen mir darauf: „Das kann ich nicht, dazu bin ich viel zu verletzt! Ich zeige nicht noch mehr Schwäche, noch mehr Verletzlichkeit, ich komme ihm nicht noch mehr entgegen."

Es kommt aber gar nicht darauf an, was Sie sagen oder wie Sie handeln, sondern auf die Haltung, die Sie einnehmen:

Haltung ist sichtbar!

Stellen Sie sich vor, Sie gehen die Straße vor Ihrer Wohnung entlang mit einem Korb, in dem frische Erdbeeren liegen. Ein Mann mit hochrotem Kopf kommt Ihnen entgegen und ruft: Dieb/in, Sie haben meine Erdbeeren gestohlen! Wie reagieren Sie?

Je nach dem, werden Sie sagen, ob ich die Erdbeeren tatsächlich gestohlen habe oder ob ich sie in meinem eigenen Garten gepflückt habe. Ich gehe mal davon aus, dass Sie sagen, Sie hätten sie aus Ihrem eigenen Garten. Sie sind empört, gehen auf den Mann zu und fordern ihn auf, seinen Verdacht zurückzunehmen. Vielleicht will er noch einen Beweis, dass Ihre Aussage stimmt, fragt nach dem Sortennamen oder etwas Ähnliches.

Stellen Sie sich nun vor, Sie hätten sie tatsächlich in einem fremden Garten gepflückt: Glauben Sie, Sie könnten genauso reagieren? Sie fühlen förmlich, wie ein roter Schimmer Ihr Gesicht überzieht, ihr Gegenüber bemerkt das natürlich und denkt sich seinen Teil.

Wenn Sie bei Mobbing die Schuld bei sich suchen, wird sie Ihnen auch zugesprochen. Ich bin nun mal so, dass ich immer erst bei mir suche, werden Sie mir antworten. Ich auch, aber das ist mein Problem. Mit diesem – meinem – Problem mache ich Mobbing möglich. Meine Selbstkritik wird als Unsicherheit umgedeutet, wer unsicher ist, macht bestimmt auch Fehler, denn würde er keine Fehler machen, wäre er nicht unsicher. Das ist die Logik der Mobber.

Wie schaffe ich es, statt dessen Sicherheit auszustrahlen? Überlegen Sie sich einmal, welche Defizite den Menschen vor Ihnen dazu treibt, Ihnen zu schaden. Ich stelle mir vor, auf Ihrem Gesicht und in Ihrer Körperhaltung spiegelt sich dieser Gedanke, Sie neigen den Kopf zur Seite, schauen Ihrem Gegenüber ins Gesicht und in Ihren Augen steht die Frage: „Warum handelst Du so?" Statt Unsicherheit strahlen Sie jetzt Interesse und Sicherheit aus. Manchmal reicht diese Haltungsänderung schon aus, um Mobber abzulenken.

Manchmal ist es aber auch gerade diese Selbstsicherheit, die den Neid der Mobber herausfordert. Dann ist es wichtig, ein gutes Beispiel abzugeben: Meine Sicherheit wird nicht weniger, wenn ich anderen helfe, ebenfalls sicher zu werden.

Es ist wichtig, bei Beziehungen das Gleichgewicht zu definieren, nicht die Höhen und Tiefen, die trennen können. Aus dieser Haltung kann ich Mobbing begegnen, ohne dass es Angst macht. Der Mensch mir gegenüber kann nur das von mir sehen, was ich nach außen darstelle. Ich kann entscheiden, was ich nach außen darstelle. Ich bin nicht verantwortlich für die Defizite anderer Menschen, ich muss nicht therapieren, aber ich lasse es nicht zu, dass jemand mir schadet.

Um diese Haltung nach außen zu zeigen, sind vier Schritte notwendig:

Schädigungsabsicht erkennen und benennen
Abwehrhaltung einnehmen
Selbstschutz aktivieren
Ausgleich anstreben

Mit dieser Einstellung kann Mobbing keine Eigendynamik mehr entwickeln und wirkt deshalb auch weniger Angst einflößend.

4. Gedanken und Gefühle

4.1 Ich gehe kaputt, wenn das so weitergeht …

Es ist Sonntag, die Sonne scheint, anscheinend sind alle Menschen unterwegs und genießen diesen freien Tag. Nur ich bin augenscheinlich anders, denn mich plagt die Angst vor dem morgigen Tag. Nach Sonntag kommt Montag, und genauso sicher wird morgen mein Berufsalltag wieder mit neuen Beschuldigungen, Verdächtigungen und Angriffen beginnen. Mir geht durch den Kopf, was mein Peiniger wohl gefunden haben könnte, damit ich schon etwas vorbereitet bin auf den Angriff. Und ich weiß doch, dass diese Überlegung sinnlos ist, denn meine Fantasie reicht dafür nicht aus – das haben mich die vergangenen Wochen gelehrt.

Wer unter Mobbing leidet, kennt diese Situation. Es beginnt meist harmlos. Anfangs ist es eine leichte Übelkeit, gelegentliche Kopfschmerzen, dann folgen Nächte, in denen man wach liegt und die Arbeit der vergangenen Tage nachträglich auf eventuelle Versäumnisse durchdenkt und Pläne für den nächsten Tag macht. Die Arbeitskraft nimmt ab, im gleichen Maß wie die Belastungen steigen. Das Ende ist dann der komplette Zusammenbruch, körperlich oder psychisch, je nach Typ.

Ein gewisses Maß an Stress ist notwendig und es ist individuell verschieden, ab welchem Zeitpunkt Stress als belastend empfunden wird. Solange die Möglichkeit besteht, in der stressfreien Zeit wieder Kraft zu sammeln, aufzutanken, ist das Gleichgewicht immer wieder herzustellen. Wenn der Stress jedoch in die Freizeit hinein welterwirkt, wenn es unmöglich wird, eine Nacht durchzuschlafen, eine Mahlzeit ohne Magenschmerzen zu genießen, wenn immer nur die dunkle Wolke des Konflikts am Arbeitsplatz zu sehen ist, dann kann keine neue Kraft aufgetankt werden und die Reserven werden angegriffen.

Freunde und Familie verlieren nach und nach die Geduld, wenn sie immer wieder die gleiche Geschichte von den bösen Kollegen oder Kolleginnen hören müssen. Ratschläge sind bereits alle mehrfach unterbreitet worden und haben zu keiner Änderung geführt. Die geduldigste Ehefrau und der liebevollste Ehemann haben nur eine begrenzte Zeit lang Verständnis für die zunehmenden körperlichen und psychischen Probleme – sie drängen, die Situation grundlegend zu verändern, damit das Theater aufhören kann, das die ganze Familie mitbelastet. So baut sich langsam ein neues Krisengebiet auf, nämlich in der Familie.

„Eingekesselt" nannte man das früher im Kriegsjargon, und wenn der Feind eingekesselt war, konnte nur noch ein Wunder helfen, ihn aus seiner misslichen Lage zu befreien. Ich tue mir schwer damit, an Wunder zu glauben, denn ich habe in meinem Leben noch kein Wunder erlebt und kenne auch niemanden, dem ein Wunder widerfahren ist. Aber ich kenne viele nette Leute, die ihrem Leben eine neue Richtung gegeben haben, wenn ein Stein den ursprünglich geplanten Weg blockiert hat.

Wer unter Mobbing leidet, wird gezwungen, sich vorrangig mit der Vergangenheit zu beschäftigen, nämlich mit Fehlern von vorgestern, Versagen im vergangenen Jahr, mit Rechtfertigungen aller möglichen Handlungen, die aber alle bereits der Vergangenheit angehören. Dabei geht jedoch die Sicht auf die Zukunft verloren. Gestern kann ich nicht mehr ändern – was kann ich heute tun, damit morgen alles besser wird?

Zukunft planen ist kreativ, der Stress daraus ist positiver Stress. Rechtfertigungen sind manchmal notwendig und sinnvoll, aber nur solange es für heute und morgen nützlich ist und nicht nur der Selbstdarstellung dient. Die beste Selbstdarstellung ist nicht Verteidigung, sondern sichtbare Kompetenz für die eigene Zukunftsgestaltung und das schließt ein, dass mir meine Gesundheit wichtig ist und ich sie mir nicht durch übermäßigen, nutzlosen Stress beeinträchtigen lasse.

Gesundheit ist ein im Grundgesetz und Arbeitsschutzgesetz festgelegter, gesellschaftlich anerkannter Wert. Das entbindet aber niemanden davon, die eigene Gesundheit selbst zu schützen. Eigenverantwortung kann niemals durch Fremdverantwortung ausgeglichen werden. Ob ich daran zerbreche, liegt ein Stück weit auch in meiner Hand. Ein Teil ist sicher Schicksal, Risiko, Dummheit oder wie auch immer man es nennen will. Keine Schüssel, und wenn sie noch so viele Macken hat, geht von selbst kaputt – ich gehe erst dann kaputt, wenn ich selbst es „will", wenn meine Kraft versiegt ist – aber ich wehre mich dagegen, dass mir *Jemand* meine Zukunft, meine Gesundheit, mein Leben nimmt! Notfalls muss ich ganz einfach Abschied nehmen von einer Umgebung, die mir nicht förderlich ist und mir eine andere, angenehmere suchen.

4.2   Das stimmt ja alles nicht!

Ein beliebtes Spiel ist es bei Mobbern, ihr Opfer mit Vorwürfen zu überschütten. Man habe einen oder mehrere Fehler gemacht, wichtige Dinge versäumt, sich nicht richtig verhalten. Diese Aufzählung könnte unendlich weitergeführt werden, denn es gibt nichts, was nicht als Vorwurf schon vorgekommen wäre – sogar der, dass sich jemand zu korrekt verhalten habe. Was soll damit erreicht werden?

Sie werden natürlich versuchen, sich und Ihr Verhalten zu rechtfertigen, aber ein Mobber wäre kein Mobber, wenn Ihnen das gelingen würde. Die Taktik ist nämlich, Ihnen Dinge vorzuwerfen, deren Richtigkeit oder Falschheit Sie nicht beweisen können:

- Es wurden mündlich andere Anordnungen gegeben als schriftlich – es gibt aber keine Zeugen dafür.
- Es werden Fehler in Unterlagen festgestellt, die Sie ganz bestimmt nicht gemacht haben und jemand vielleicht nachträglich hinzugefügt hat.
- Es werden Verhaltensweisen bemängelt, die Sie ganz anders in Erinnerung haben.
- Es werden Anordnungen plötzlich wieder geltend gemacht, die lange Zeit nicht mehr gegolten haben, ohne Sie davon in Kenntnis zu setzen.
- Es werden Vereinbarungen getroffen, von denen Sie nichts erfahren.
- Ihnen werden Kompetenzen entzogen oder Arbeitsbereiche verändert und darüber keine schriftliche Vereinbarung getroffen.

Durch die Vorwürfe liegen Ihre Nerven blank, Ihre Energie verbrauchen Sie total, indem Sie versuchen, Beweise für Ihre Unschuld zu sammeln. Das ist die beste Voraussetzung dafür, dass Sie nun tatsächlich Fehler machen. Der Teufelskreis beginnt sich zu schließen...

4.3   Ich fühle mich total entwürdigt

Die Würde des Menschen ist unantastbar.

So beginnt der Text des Grundgesetzes.

Was ist Würde?

Die Würde des Menschen wird in jeder Epoche ein wenig anders definiert. Früher gehörte zur Würde irgendein Verdienst, das man sich erworben hatte, zum Beispiel eine Verletzung in einem ehrenhaften Kampf, besondere Leistungen im Beruf, eine herausragende Stellung im Familienverbund. Sie wurde uns von anderen Menschen zugesprochen oder verweigert.

Das Grundgesetz geht davon aus, dass jeder Mensch eine Würde bereits besitzt, wenn er auf die Welt kommt – und auch schon davor, als Embryo, bereits hat. Unsere heutigen ethischen Grundsätze machen die Würde des Menschen nicht von Verdiensten abhängig, sondern allein von der Tatsache, dass der Mensch ein von Gott geschaffenes, gewolltes Lebewesen ist, das ein Recht auf seine Individualität hat, sofern sie nicht in die Rechte anderer eingreift.

Nicht alle Zeitgenossen interessieren sich für Ethik und andere Werte, sondern hauptsächlich für Fernsehen, Fun und Lifestyle. Dazu benötigt man in erster Linie Augen, Ohren und Geld. Was „IN" ist, angesagt, cool – das sehen wir bei anderen und im TV, auf Videos und in Zeitschriften. Es wird ein Bild vom aktuellen Top-Typ gezeichnet, und alle brauchen nur genauso auszusehen und dasselbe zu tun wie er oder sie, schon genießen sie dieselbe Achtung.

Heutzutage müssen bereits Schulkinder ganz bestimmte Markenkleidung tragen, wenn sie ein Mitglied im Kreis der „Angesagten" sein wollen. Diejenigen, die sich dafür entscheiden, nicht im Strom mitzuschwimmen, werden nicht nur gehänselt, sondern sogar ganz offen angegriffen, ausgestoßen, als Feinde der Gemeinschaft gebrandmarkt – **hier beginnt Mobbing.**

Wird die Würde eines Menschen von optischen oder intellektuellen Eindrücken abhängig gemacht, besteht die Gefahr, dass ein umfangreicher Teil der Persönlichkeit nicht gesehen wird. Aber nicht nur die Spiegelung durch andere, auch meine eigene Einstellung zu mir selbst definiert meine Würde. Wenn ich mich selbst gering achte, ist die Wahrscheinlichkeit groß, dass andere meine Wertung übernehmen und mich ebenfalls gering einschätzen.

Was ist es, das für mich selbst meine Menschenwürde ausmacht? Sicher spielen die beruflichen Leistungen hier eine große Rolle, die Leistungen für die Familie als Mutter oder Vater, Sohn oder Tochter, bei manchen Menschen ist auch Schönheit, Fitness ein Bestandteil der Werteskala, auf der sie ihren eigenen Wert ablesen.

Was bin ich für mich und für andere wert,

> wenn ich keinen beruflichen Erfolg habe?
> wenn ich keine Familie habe?
> wenn ich nicht mehr jung und fit bin?
> wenn ich nicht „schön" bin?

Alle diese äußeren Bedingungen können an meiner Würde als Mensch nichts verändern. Menschenwürde ist nicht abhängig von Schein, sondern nur vom Sein!

Es ist schwierig, eine Bewertung durch andere Menschen zu verkraften, wenn diese meine Würde verletzt. Noch schwieriger ist es dann damit zu leben, dass ich auf diese Verletzung noch nicht einmal entsprechend reagieren konnte und so vielleicht den Eindruck erwecke, ich würde sogar zustimmen. Aber eine ganz wichtige Reaktion ist es, sich die Würde nicht von anderen Menschen nehmen zu lassen – das heißt, das Selbstbild zu sichern vor Angriffen von außen.

Wie kann ich das schaffen?

Mir hat geholfen, auf einen Bogen Papier alles aufzuschreiben, was ich an mir mag und alle erfolgreichen persönlichen und beruflichen Situationen. Das sieht dann etwa so aus:

„Ich bin zuverlässig, friedliebend, kreativ, kann verzeihen. Meine Kinder sind tüchtige Menschen, im Beruf habe ich mehrere Zusatzqualifikationen erworben, das Projekt X im vergangenen Jahr wurde von allen Vorgesetzten gelobt."

Dieses Papier falte ich klein zusammen, binde ein Band drum herum und stecke es in die Tasche. Ich kann es auch kopieren und an verschiedenen Stellen der Wohnung sichtbar anheften. Wenn nun jemand versucht mich klein zu kriegen, stelle ich mir diesen Bogen Papier vor, lese den Text in Gedanken und fühle mich stark und sicher. Mit diesem gedanklichen Hintergrund kann ich den notwendigen Respekt vom Angreifer einfordern und jeden Angriff auf meine Würde verbieten. Aber vielleicht haben Sie noch eine viel bessere Idee, wie Sie Ihr Selbstbild schützen könnten.

4.4 Warum gerade ich?

Ich habe doch immer alles richtig gemacht, mindestens so gut es mir meine Informationen zugelassen haben. Ich habe doch außerdem noch so viel anderes, was mich belastet, warum kann es da nicht wenigstens im Job normal zugehen? Ich habe ihn/sie doch unterstützt, eingelernt und nun macht er/sie mich so fertig, warum nur? Ich habe alle ihre/seine Launen ausgehalten, ihn/sie bei Krankheit oder Urlaub vertreten. Diese könnten Sie sicher noch ein Stück weiterführen.

Warum gerade ich? Jede Antwort auf diese Frage ist hypothetisch, außer wenn sie durch den/die Mobber/in beantwortet würde. Fragt man den/die Mobber/in, was der Grund für seine/ihre Motive für die Angriffe sind, kann es sein, dass er/sie einfach abstreitet, etwas getan zu haben, das den Vorwürfen entspricht. Sie sehen den Unschuldsengel in Person vor sich oder Sie werden erneut so klein gemacht, dass Sie in einem Fingerhut verschwinden könnten ohne den Kopf einzuziehen. Sie sind völlig fassungslos ob der Vorwürfe.

Warum? Darum! So antwortete mir meine Mutter früher, wenn ich sie als Kind mit endlosen Fragen genervt habe. Später wusste ich dann, dass ich in Büchern nachschlagen oder bei Fachleuten nachfragen kann, um meine Wissenslücken zu füllen. Nun weiß ich, warum es regnet, ich weiß, dass Sommer und Winter ihre Ursache in der Konstellation unseres Planeten zu den anderen Gestirnen haben – aber kann ich nun auch in den Lauf der Planeten eingreifen, allein weil ich ihr Funktionsschema kenne? Ich kann es genauso wenig wie alle anderen Mitmenschen.

Bei Konflikten ist es ganz ähnlich – es ist gut zu wissen, weshalb sie entstanden sind und unter welchen Bedingungen sie gedeihen, doch um Konflikte zu bereinigen muss ich in die Zukunft planen.

5. Das ist doch (k)ein Problem!

5.1 Probleme haben eine Geschichte – Am Anfang steht ein Konflikt

Das Problem bei Mobbing sehen manche Menschen darin, dass ein Konflikt nicht ordentlich bearbeitet wird. Was sind solche Konflikte?

Leymann schreibt in seinem Buch „Der neue Mobbing-Bericht":

> *„Mit Mobbing wird ein Prozess bezeichnet,*
> *der mit einem Konflikt anfängt,*
> *der aber in typischer Form eskaliert und sich verselbständigt."*

Er geht davon aus, dass Mobbing immer einen Konflikt voraussetzt. Mit dem Wort Konflikt kann der Widerstreit von Bedürfnissen und Interessen innerhalb eines Menschen oder zwischen Menschen bezeichnet werden. Aus diesen unterschiedlichen Bedürfnissen können Konflikte entstehen:

Offener Konflikt:
Jeder weiß, um was es geht; Kompetenzgerangel, verschiedene Arbeitsweisen, Aufstiegswünsche, Angst vor Rationalisierung, bessere Ausbildung.

Verdeckter Konflikt:
Es ist den Beteiligten klar, dass sie Probleme miteinander oder mit der Zusammenarbeit haben, sie sprechen diese Probleme aber nicht an. Es wird versucht, mit Intrigen und Absprachen das eigene Ziel zu erreichen, notfalls werden Verbündete gesucht oder ohne deren Wissen gegen den vermeintlichen Gegner mobilisiert.

Konfliktempfinden nur auf einer Seite:
Eigentlich ist für neutrale Beobachter kein Grund erkennbar, warum die Arbeit zwischen zwei Kollegen nicht optimal läuft. In den Gedanken von einem hat sich ein Berg an Hass, Missgunst oder Neid gegenüber dem anderen aufgebaut. Dies wird jedoch nicht offen angesprochen, sondern mit verdeckten Strategien versucht derjenige sich durchzusetzen, dem anderen zu schaden, ihn zu vernichten. Diese Art Konflikt führt am ehesten zu Mobbing.

Wer nicht die Fähigkeit besitzt, Konflikte sachbezogen zu bearbeiten, nicht diskutieren und verhandeln kann, könnte ein potenzieller Mobber sein.

5.2 Vom Konflikt zum Mobbing

Konflikte können sich sowohl in einem Menschen (z.B. wie bekomme ich mehr Anerkennung, ich fühle mich nicht genügend beachtet) als auch zwischen Menschen (z.B. Rationalisierung: wer geht, wer bleibt) abspielen. Beim Konflikt sind die beteiligten Personen Gegner. Diese können Konflikte fair austragen oder aber auch mit Mobbing.

Bei Mobbing bleibt die strittige Sache, der eigentliche Konflikt, meist im Hintergrund, dafür wird die strittige *Person* in den Vordergrund gerückt und wird so zum Ziel der Auseinandersetzung. Diese Person wird zum *Feind* erklärt. Einem Feind gegenüber fühlen wir die innere Berechtigung, ihm mit allen uns zur Verfügung stehenden Mitteln zu schaden und, wenn es sein muss, ihn auch zu vernichten. Die Haltung ihm gegenüber ist wesentlich radikaler als gegenüber einem Konflikt-Gegner. Gefühle wie Geringschätzung und Ekel machen es möglich, über moralische Grenzen hinwegzugehen.

Bei Mobbing wird jedoch manchmal nicht direkt schädigend vorgegangen, vielmehr werden Situationen herbeigeführt, die dem Opfer Schaden zufügen sollen. Jeder Schaden wird billigend in Kauf genommen. Zum Beispiel werden Informationen unterschlagen – der Termin für eine Besprechung wird nicht weitergegeben.

Diese Vorgehensweise soll den Mobber schützen, sie soll den wahren Angreifer verschleiern.

Das Ziel und die Methode bei Mobbing ist feindliche Ausgrenzung.

Es wird eine Person so stark mit negativen Eigenschaften bedacht, dass daraus die Entfernung zwischen ihm und seiner Umgebung abgeleitet werden kann. Er wird als schädlich, schädigend, feindlich und existenziell gefährlich gesehen. Deshalb erhält er den Status eines Feindes. Feinde werden als Bedrohung empfunden, man glaubt, die Berechtigung zu deren Vernichtung zu haben, man hasst sie. Jemand, der innerlich noch als „Kollege" betrachtet wird, kann nicht so leicht mit Mobbinghandlungen überzogen werden wie jemand, der bereits als Feind gilt.

Der Kern von Mobbing ist feindliche Ausgrenzung. Ausgrenzung umfasst die soziale Isolierung und die Aufkündigung des Respekts mit Billigung der möglichen Eskalationsstufen Verdrängung und Vertreibung und letztlich auch Vernichtung. Das Ziel ist die Vernichtung einer menschlichen Existenz, es kann dabei keinen Kompromiss geben, denn man ist entweder tot oder lebendig, und wer nicht ganz tot ist, ist noch lebendig.

Wo Mobbing stattfindet, herrscht also Krieg. Es geht um Vernichtung oder Überleben.

6. Typisch?!

6.1 Der „typische" Mobber

Jeder normal veranlagte Mensch fragt sich, wer eigentlich mobbt und was ihn oder sie dazu treibt. Ich bitte Sie an dieser Stelle um ihr Nachsehen, dass ich häufig von dem Mobber als männlichem Wesen spreche, ich schließe natürlich auch alle weiblichen Mobber ein. Es würde aber die sprachliche Form komplizieren und das Verständnis erschweren, wenn ich jedesmal beide Formen anführen müsste.

Der seitherige Abteilungsleiter geht in den Ruhestand, die Kollegen sind gespannt auf den „Neuen". Die ersten Wochen sind alle begeistert, er ist nett, freundlich zu allen, bringt frischen Wind und viele neue Ideen mit. Doch dann ändert sich das ganz deutlich. Er ist immer noch freundlich zu einigen, vor allem den jüngeren Computerspezialisten und Sachbearbeiterinnen. Aber die Buchhalterin, über 50 Jahre und mit der Firma so gut wie verheiratet, spricht er laut und kurz an, so als ob sie schwerhörig oder senil wäre. Anderen gegenüber betont er immer wieder, er würde die Buchhaltung modernisieren, so verstaubt wie jetzt geht es nicht weiter. Der Chefkonstrukteur spürt diesen rauhen Wind ebenfalls, ein Computersystem soll angeschafft werden, aber die „Alten" würde man da nicht mehr einlernen, sie sollen eben dann die Änderungen übernehmen.

Sie meinen, das sei ein dynamischer Vorgesetzter, der Schwung ins Unternehmen bringt? Ja richtig, das sagt er ja immer. Sekretärinnen über 30 Jahre seien keine Augenweide mehr, man müsse ständig verjüngen. Ein innovatives Management erfordere unpopuläre Maßnahmen. Unpopuläre Maßnahmen – heißt das Entlassungen? Nein, entlassen wird niemand. Aber es ist eben schlecht, wenn einige Mitarbeiter so gar nicht ins Firmenkonzept passen, wenn auch nur rein optisch. Wie wäre es, wenn sie vielleicht zu einer Firma wechselten, zu der sie besser passen? Vielleicht kommt für einige der „Alten" der Vorruhestand in Frage? Wie die Firma seither überhaupt existieren konnte?!

Der Neue wäre schlecht beraten, würde er seine Personalstrategie öffentlich machen. Es gibt subtilere Methoden, seine Wünsche und Vorstellungen durchzusetzen, ohne dass er als der „Böse" dasteht. Er ist ein typischer Mobber.

Ein anderes Beispiel – diesmal eine typische Mobberin:
Als ich neu in die Firma kam, nahm sie mich sofort unter ihre Fittiche: Sie war freundlich, hilfsbereit, einfach nett. Wie gut, jemanden zu haben, wenn man neu ist. Sie wurde mit der Zeit fast eine Freundin. Natürlich sind mir anfangs Fehler unterlaufen; sie hat mir geholfen, alles wieder gerade zu biegen. Ihr konnte ich jeden Ärger anvertrauen, stets hatte sie ein offenes Ohr. Auf dem Betriebsausflug, es war schon ziemlich spät, wollte ich mich für einige Minuten zurückziehen und ging zu einer Bank im Garten des Restaurants. Doch dort saßen schon zwei Personen, die nette Kollegin und der Chef. Beim näher Kommen hörte ich meinen Namen. Ich sei so labil und unselbstständig, alles müsse man mir fünfmal sagen. Außerdem käme ich oft zu spät, hätte Probleme mit den Kindern, vielleicht Drogen? Also lange könne sie meine Arbeit nicht mehr mit erledigen. Ich fiel aus allen Wolken: So sieht eine Mobberin aus!?

Es wäre schön, wenn man Mobber an irgendeinem Merkmal, an einer Äußerung erkennen könnte. Das gelingt zwar manchmal, aber meist erst dann, wenn ein begründeter Verdacht vorliegt. Wenn bereits einige Indizien dafür sprechen, dass ein Kollege oder Chef Mobbing betreibt, versuchen die meisten Menschen, die Indizien zu erhärten, indem sie ein Motiv suchen. Es ist wie bei Gericht: Bei einem Mord wird die Schar der Verdächtigen daraufhin durchleuchtet, wer denn wohl das einleuchtendste Motiv für den Mord hat. Ein Motiv ist mit einem Gewinn verbunden oder auch mit dem Ende von Nachteilen. Im Beruf hieße das: Wer kommt weiter, wenn ich weg bin? Wer könnte sich von mir behindert fühlen.

Neben vielen anderen hat sich auch Dr. Axel Esser in seinem Buch „Mobbing. Ratgeber für Betroffene und ihre Interessenvertretung" Gedanken darüber gemacht, wie Mobber aussehen und warum sie mobben:

„Zum Mobber kann werden, der meint

1. Mein soziales Ansehen, mein Status sind gefährdet
2. Mein Arbeitsplatz, meine berufliche Position sind gefährdet
3. Meine Handlung- und Entscheidungsfreiheit sind gefährdet
4. Ich will mich sicher und anerkannt fühlen."

Natürlich gäbe es einige legitime Handlungsmöglichkeiten, die befürchteten Nachteile von sich abzuwenden. Man könnte sich qualifizieren, mehr leisten, einen anderen Arbeitgeber suchen, sich Anerkennung in anderen Lebensbereichen suchen. Aber das ist einem Mobber viel zu langweilig. Das könnte ja jeder andere auch erreichen. Doch mit Mobbing, also mit einer verdeckten Strategie, zum Ziel zu kommen, das hat einfach etwas Prickelndes.

Was sind das für Menschen, die zu dieser Strategie greifen? Dazu ebenfalls eine Definition aus dem Buch von Axel Esser und Martin Wolmerath

> *„Mobbing ist die ideale Form der Feindseligkeit für Feiglinge. Mobbing ist die letzte Rettung für alle, die bei anderen immer nur gut dastehen wollen.*
> *Mobbing ist Trostpflaster für Versager und gescheiterte Karrieristen.*
> *Mobbing ist Entlastungsmanöver bei Stress und Überforderung.*
> *Mobbing ist die typische Feindseligkeit von erfolgsgewohnten Machern.*
> *Mobbing ist die altbewährte Feindseligkeit von autoritären Übervätern."*

Dem ist eigentlich nichts hinzuzufügen, es deckt sich voll und ganz mit meinen Erfahrungen. Es fällt auf, dass auch auf der Seite der „Täter" starke Gefühle eine Rolle spielen: Neid, Missgunst, Machtstreben. Also sind Täter und Opfer durch ein starkes Band von Emotionen miteinander verbunden. Solange diese Emotionen geschürt werden, wird das Band tatsächlich verbinden. Es wird aufgelöst, wenn die Gefühle sich anderen Zielen zuwenden.

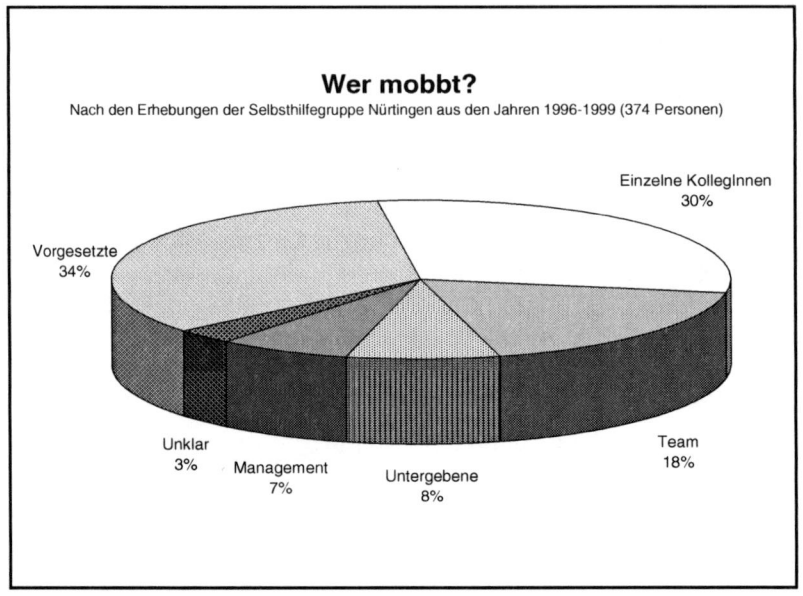

Wer mobbt?

Nach den Erhebungen der Selbsthilfegruppe Nürtingen aus den Jahren 1996-1999 (374 Personen)

Einzelne KollegInnen 30%

Vorgesetzte 34%

Unklar 3%

Management 7%

Untergebene 8%

Team 18%

6.2 Das „typische" Mobbingopfer

Was habe ich getan, dass ich gemobbt werde? Diese Frage stellt sich jeder Betroffene. Ist es das Verhalten, das Aussehen, das Auftreten, die Qualität der Arbeit? Das alles ist es nicht, zumindest nicht allein. Denn wenn gewisse Eigenschaften Mobbing recht-fertigen würden, warum mobben dann nicht alle?

Es wurden zahlreichen Untersuchungen durchgeführt, welche Familien-, Persönlichkeits- oder Verhaltensstrukturen eine poten-zielle Eignung als Mobbingopfer darstellen. Festgestellt wurde, dass die „Opfer" sich durch nichts von den Nicht-Betroffenen unter-scheiden. Da diese Untersuchungen erst nach der prägenden Erfahrung des Mobbings gemacht werden können, ist bei den Betroffenen eine deutliche Sensibilisierung festgestellt worden, ei-ne Bereitschaft, schwierige Situationen als selbstverschuldet an-zusehen. Angeblich haben Menschen, die Mobbing anziehen, ein freundliches, kooperatives, eher konfliktscheues Verhalten, es sind die Vernünftigen, die Hilfsbereiten.

Wer im privaten Bereich keinen Ausgleich zur belastenden beruflichen Situation schaffen kann, ist wesentlich stärker gefährdet. Aber
auch wenn dieser Ausgleich gelingt, ist langfristig die Wirkung der
Ausgrenzung wirksamer als die Anerkennung im persönlichen
Bereich. Es ist nur eine Frage der Zeit, bis die Ressourcen auf-
gebraucht sind.

Mobbing zielt auf Ausgrenzung und hier ist jede und jeder ein typi-
sches Mobbingopfer.

7. Da steckt System dahinter!

Ohne Zweifel hat Mobbing einen großen Unterhaltungswert. Alle „Nichtbeteiligten" schauen zu, registrieren jede Veränderung, klatschen vielleicht Beifall – meist aber nur für die Mobbingattacken, nicht bei erfolgreicher Gegenwehr durch das Opfer. Warum ist es anscheinend einfacher, das offensichtlich schädliche Verhalten zu tolerieren anstatt Partei für die Gerechtigkeit zu ergreifen?

Meine eigene Vermutung ist, dass es sich um archetypische Verhaltensweisen handelt. Zu Urzeiten hat der Mensch nur dann überlebt, wenn sein Verhalten Erfolg versprechend war. Bei Mobbing sieht man ja, wie der oder die Angegriffene leidet, krank wird oder gar zu Grunde geht. Also kann dieses Verhalten nicht das Weiterleben garantieren, viel eher das des Mobbers. Wenn dieser schlau genug ist, kann er mit seiner Methode dafür sorgen, dass es ihm gut geht. Alle, die im Wege stehen, werden beseitigt. Und da kommt anscheinend der Urmensch durch, der sich dem augenscheinlich Stärkeren anschließt und den Schwächeren ohne Mitleid zurücklässt.

Dieses System, diese Ordnung, hat sich in der Tierwelt und auch bei den Menschen eingeprägt und scheint auch heute noch Sinn zu machen. Es ist ja auch viel einfacher, wenn man sich anderen anschließen kann anstatt alleine zu leben und allein alle Gefahren zu meistern. In unserer zivilisierten Zeit ist dieses Ur-Bewusstsein natürlich weit in den Hintergrund getreten. Zahlreiche Philosophen haben uns Ideale und im wahrsten Sinn des Wortes „sinn"-vollere Visionen beschert.

Mir scheint es so, als sei heute eine neue Zeit des Suchens nach „sinn"-vollen Verhaltensstrategien im Bereich des Miteinanders in Beruf und Gesellschaft angebrochen und Mobbing eine Art Wetterleuchten zurück in die Vergangenheit. Deshalb möchte ich alle ermutigen, ob Betroffene oder Zusehende, nicht in Resignation zu erstarren, sondern Visionen zu entwickeln und umzusetzen. Wenn Mobbing nicht mehr erfolgreich ist, ist es keine Strategie für Gewinner mehr, sondern für Verlierer und dadurch wird es keine Anhänger mehr finden.

Das „System Mobbing" funktioniert nur, wenn es erfolgreich ist. Diese Erkenntnis stammt nicht von mir, sondern aus der Psychologie. Theoretischer Hintergrund meiner Einzelberatungen ist die „Systemische Sichtweise", so wie sie in der systemischen Sozialarbeit und der Systemischen Therapie angewendet wird. Die Systemtheorie ist ein Konzept des Erkennens, eine Methode des gedanklichen Begreifens. Systemisch denken bedeutet, die Wirklichkeit in einer bestimmten Perspektive zu sehen, nämlich unter der Vorstellung eines funktionierenden Systems.

Das systemische Paradigma (Grundkonzept des Denkens) hat im 20. Jahrhundert das lineare Paradigma überholt. Ludwig von Bertalanffy, der eigentliche Begründer der Allgemeinen Systemtheorie, definiert den Begriff „System" kurz und treffend so:

„Ein System ist eine Anzahl von in Wechselwirkungen stehenden Elementen."

So haben die unterschiedlichen Typen von Sozialsystemen wie Familie, Schule, Unternehmen, Sportverein je ihren spezifischen Sinn, eine Funktion. Es gibt aber auch die Möglichkeit der Dysfunktion: Das System oder ein Teil davon funktioniert nicht so wie gewünscht. Dies kann ein Funktionsausfall, eine Fehlfunktion oder ein Funktionskonflikt sein.

System Mensch

Jeder Mensch ist ein System; eine Vielzahl sinnvoll aufeinander abgestimmter Organe erhalten ihn am Leben, ermöglichen die Entfaltung der körperlichen und geistigen Fähigkeiten. Fällt im System „Organe" eines aus, so ist auch der psychische Bereich in seiner Existenz bedroht – ohne Herz funktioniert eben nichts mehr. Fällt dagegen die Galle aus, ist das weit weniger gravierend. Mit entsprechender Nahrung und Medikamenten ist durchaus noch ein erfülltes Leben möglich.

Ist die Psyche durch Mobbing belastet, kann dies alle anderen Organe in Mitleidenschaft ziehen. Das ganze „System Mensch" ist von einer existenzbedrohenden Krise betroffen. Als wichtigste Reaktion auf Mobbing gilt es daher, die Psyche zu stabilisieren. Nur dann ist auch der Körper in der Lage, die Belastungen zu verarbeiten.

System Arbeitsplatz

Logisch: wenn jeder einzelne Mensch ein System ist, muss ja der Arbeitsplatz ein System aus Systemen sein – klingt kompliziert und ist noch viel komplizierter zu begreifen.

Definiertes Ziel dieses Systems Arbeitsplatz ist die Herstellung, Verteilung oder Verwaltung einer Ware; die Betreuung, die Behandlung und die Bildung von Menschen.

Der oder die Einzelne hat hier eine festgelegte Funktion: Der Chef steuert, verteilt Kompetenzen, überwacht, trägt die Verantwortung für das Ganze. Die Sekretärin schreibt seine Briefe, telefoniert, organisiert, vermittelt. Die Buchhalterin führt die Bücher, der Hausmeister überwacht die Heizung, der EDV-Fachmann sorgt sich um die PC-Systeme. Die Liste brauche ich nicht weiterführen, jeder kennt das ja. Ist jede Position doppelt besetzt, kann eigentlich nichts schiefgehen – aber das ist fast nie der Fall. Wenn der EDV-ler mal nicht da ist und es gibt Probleme mit dem PC, kann eventuell ein Hobby-Computer-Fan helfen – oder die entsprechende „Hotline". Auf jeden Fall ist die Wiederherstellung der gewohnten Abläufe zeitaufwendiger als im Optimalfall.

Wird in einer Firma gemobbt, kann eigentlich nichts optimal laufen. Ich frage mich, was macht das dann für einen Sinn? Vielleicht soll eine bestimmte Person aus der Firma vertrieben werden und der normale Weg, dies zu erreichen, scheint nicht so effektiv zu sein. Vielleicht ist das Machtbedürfnis eines Menschen zu groß für seine Tätigkeit, es muss auf andere Art befriedigt werden.

Auch wenn der Grund für die Dysfunktion nicht gefunden werden kann hilft es, anzusehen wie die Abläufe in dieser Ausnahmesituation geregelt sind und welche Vor- und Nachteile dies mit sich bringt.

Gewinner-Systeme

Wenn nun in einem System ein Glied wegen Mobbing nicht optimal funktionieren kann hilft es wenig, ein weiteres Glied zu zerstören. Nicht der Austausch oder die Veränderung kann das Ziel sein, sondern die Optimierung. Optimierung heißt, dass sämtliche positiven Ressourcen ausgeschöpft werden müssen. Dazu ist es nicht notwendig, dass große Konferenzen abgehalten werden. Auch der von Mobbing Betroffene kann von sich aus so reagieren, dass dieser Effekt eintritt.

Will ich bei Mobbing sinnvoll intervenieren, kann ich also nicht nur mit dem linearen Prinzip „Betroffener" und „Täter" arbeiten. Wenn Mobbing funktioniert, haben immer ein oder mehrere Menschen einen Gewinn davon. Will man Mobbing „verstehen", das heißt richtig erfassen, muss dieser Gewinn begreifbar gemacht werden. Wenn ich sehe, wer welchen Gewinn von Mobbing hat, kann ich versuchen, steuernd einzugreifen. Sinnvoll wäre es, den „Gewinn" nicht mehr in der Schädigung eines Menschen durch Mobbing zu erreichen, sondern dem Mobber einen anderen Weg zu zeigen um zu gewinnen, ohne andere zu schädigen.

Die beste Möglichkeit zu handeln hat hier der Betroffene, indem er sein Verhalten entsprechend verändert. Allein die Perspektive, den Mobber zu bestrafen, bringt das System nicht in eine bessere Funktion. Wenn das System nicht funktioniert, ist auch die Situation des Mobbing-Betroffenen letztendlich nicht gesichert.

Die Situation „Gewinner – Gewinner" ist bei Mobbing meist nicht in einem, sondern in mehreren Schritten herzustellen. Der erste Schritt könnte sein, sich nicht mehr abwerten zu lassen und wenigstens die Situation „gleich + gleich" anzustreben statt „Gewinner – Verlierer".

Dazu zwei Beispiele, das erste für einen **direkten Angriff:**
Mich beleidigt einer mit den Worten: „Sie sind eine geistige Null!"

> Reaktion 1: Mit dem arbeite ich nicht mehr!
> Reaktion 2: Beschwerde beim Betriebsrat
> Reaktion 3: Klage wegen Beleidigung

Alle drei Reaktionsweisen bedeuten, Machtinstrumente und Gegendruck einzusetzen.

Eine sinnvolle Reaktion:
Ich sage: Danke, gleichfalls!

Was erreiche ich dadurch? Der so angesprochene wird gezwungen, sich das nächste Mal eine Redewendung auszudenken, die ich nicht mit diesem Satz erwidern kann. Er lernt: Diese Person kann sich wehren, ich habe keine Macht über sie, wir sind gleichwertig.

Beispiel für Reaktionen bei einem **indirekten Angriff:**
Niemand grüßt Sie, wenn Sie morgens das Büro betreten.

> Reaktion 1: Sie ziehen den Kopf ein, damit man nicht sieht, wie peinlich Ihnen die Situation ist
> Reaktion 2: Sie gehen hoch erhobenen Hauptes an Ihren Schreibtisch
> Reaktion 3: Sie beschweren sich beim Chef

Eine sinnvolle Reaktion:
> **Sie fertigen sich ein Schild mit der Aufschrift: „Guten Morgen" und tragen es vor sich her, wenn Sie an Ihren Platz gehen.**

Warum ist diese Reaktion sinnvoll? Sie zeigen damit, dass Sie die Sache mit Humor sehen und nicht allzu ernst nehmen. Sie können das Schild auf Ihrem Schreibtisch dann so aufstellen, dass Sie die Aufschrift sehen. Wenn Sie jemand fragt, was das soll, könnten Sie sagen: Wissen Sie ich bin ein höflicher Mensch, ich möchte einerseits die Kollegen mit meinem Gruß nicht aufwecken, andererseits aber doch irgendwie grüßen und ich freue mich, wenn dann wenigstens mein Schild auch mir einen guten Morgen wünscht.

Ja, ja, ich höre alle Leserinnen und Leser rufen, dass es so einfach ja nicht ist. Das stimmt auch, aber bitte, wie soll ich an einem kurzen Beispiel erklären, was Manager in mehreren Wochenendseminaren in teuren Hotels lernen?!

Wir werden gemeinsam in den nachfolgenden Kapiteln noch mehr dazulernen.

8. Komödie oder Drama?

8.1 Warum hilft mir niemand?

Eine Komödie, das weiß jeder, ist ein Theaterstück mit heiterem Inhalt, das Drama befasst sich mit ernsten Problemen bis hin zum Mord. Also könnte Mobbing eher in der Kategorie Drama abgehandelt werden, wenn da nicht die vielen Zuschauer wären, die das Opfer nicht bedauern, sondern sogar über es lachen.

Wie viele Menschen es derzeit auf unserer Erde gibt weiß ich nicht, aber immer dann, wenn man ganz dringend Hilfe bräuchte, ist keiner da, der hilft. Das heißt aber nicht, dass wirklich niemand dabei ist, der meine Hilflosigkeit nicht bemerkte.

Wenn mir meine Notlage erlaubt mich umzusehen, dann stehen da einige, die sich diebisch freuen, dass es gerade mich trifft, dass nicht sie selber betroffen sind, einige blicken ratlos, fassungslos, empört – nur eingreifen mag keiner.

Ich fühle mich nun nicht nur durch den Angriff des Mobbers verletzt, sondern auch durch die Reaktion – oder Nicht-Reaktion – meiner Kollegen und Kolleginnen. Auf die Nachfrage, ob nicht irgendjemand zu meiner Unterstützung beitragen könnte, reicht die Reaktion von verlegenem Lächeln, Kopfschütteln, Schweigen bis zur offenen Konfrontation in Form neuer Schuldzuweisungen.

Es nutzt wenig, alle an dem Arbeitsablauf Beteiligten zu einer Stellungnahme bewegen zu wollen, niemand will vom Chef so angegangen werden wie ich. Die Zeiten sind hart, jedem ist das eigene Weiterkommen, der Erhalt des eigenen Arbeitsplatzes wichtiger als Solidarität.

Solidarität – was soll denn das heißen, das ist doch nur so ein Gewerkschafts-Slogan von früher! Das stimmt, und mit Solidarität konnten alle sozialen Absicherungen erreicht werden, derer wir uns heute erfreuen: von festen Arbeitsverträgen bis zu Arbeitszeitregelungen, von Gehaltseinstufungen bis zur Lohnfortzahlung im Krankheitsfall, einfach alles tarifrechtlich Vereinbarte rund um die Arbeit!

Im wirtschaftlichen Aufschwung in den Jahren 1960–70 begann die Zeit der Leistungsbetonung. Arbeitgeber versuchten erfolgreich, die Leistung des Einzelnen zusätzlich zu den tarifrechtlichen Regelungen zu honorieren. Der Preis für einen solchen Bonus war die Verpflichtung, über die Höhe der tatsächlichen Vergütung zu schweigen. So wurde die Solidarität ausgehebelt, der Anreiz zum Einzelkämpfertum war gesetzt.

Heute kann mit dem Druckmittel „Arbeitsplatzabbau" jegliche unpopuläre Maßnahme (von Arbeitszeitveränderung bis Gehaltskürzung) durchgedrückt werden, und Solidarität gibt es höchstens in der Chefetage. Aber Jammern nützt selten, außer dass es anderen zeigt, wie hilflos ich mich fühle.

Sieger sind optimistisch, motiviert, gesund, kompetent …

Verlierer (neudeutsch „Loser" genannt) sind deprimiert, ziellos, krank, unfähig …

Manchen Menschen macht die Märtyrerrolle Spaß, ich gehe davon aus, dass Sie nicht dazu zählen, Sie wären bestimmt lieber Sieger als Loser. Und genauso geht es den Menschen um Sie herum. Das ist der Grund, warum Solidarität immer dann funktioniert, wenn damit etwas zu gewinnen ist!

Wenn Sie möchten, dass Ihnen jemand hilft, müssen Sie deutlich machen, was dabei zu gewinnen ist. Oder Sie müssen aufzeigen was verloren geht, wenn man sich nicht solidarisiert. Mit dieser Sichtweise ist ein ganz entscheidender Schritt gelungen, nämlich vom Betroffensein zum Handeln.

Kolleginnen und Kollegen sind meist keine Heiligen und keine Wohltäter, sondern in erster Linie vernünftige Menschen. Deshalb handeln sie auch lieber vernünftig als heldenhaft.

Wenn die eigene Kraft nicht ausreicht oder auch zur Klärung rechtlicher Bedingungen ist es sinnvoll, die Probleme mit Fachleuten zu besprechen und sich Rat zu holen. Hilfe und Rat bei Mobbing bieten:

    Betriebsrat
    Gewerkschaft, Innung
    Arbeitsamt (falls Kündigung droht)

Hausarzt oder Psychologen
Krankenkasse
Selbsthilfegruppen

Wichtig scheint mir jedoch zu sein, dass ich nicht die Verantwortung für mein Schicksal in fremde Hände lege, sondern immer selbst entscheide und selbst die Richtung festlege.

Kein Richterspruch vor dem Arbeitsgericht kann einen sadistischen Mobber mundtot machen, er wird sich nur noch perfidere Methoden ausdenken. Wenn es mir aber gelingt, den Mobber und seine Attacken lächerlich zu machen, niemals so zu reagieren wie er es geplant hatte, dann wird er aufgeben. Das ist ein langer, schwieriger Weg, und wenn dazu die Kraft fehlt, ist es auch völlig legitim, einen anderen Weg zu suchen. Nur eines darf nicht geschehen: Niemals darf man sich kaputtmachen lassen – auch wenn das heißt, dass man sich einen anderen Arbeitsplatz sucht.

8.2   Standhalten oder fliehen?

„Ich möchte nie mehr in diese Firma gehen." Vielleicht ist diese Entscheidung nicht zu umgehen – meine Gesundheit und meine Würde sind mir wichtiger als geregelter Broterwerb.

Wenn Mobbing stattfindet, sollten alle Möglichkeiten der Unterstützung von Außenstehenden genutzt werden: Betriebsrat, Gewerkschaft, Krankenkasse, Arbeitsamt – alle sollten davon Kenntnis bekommen.

Dies geschieht am besten in der Form eines Mobbing-Tagebuches, das über ca. ein halbes Jahr geführt worden ist.

Darin sollte festgehalten werden:

Wer

(sagt/schreibt ... an welchem Tag)

was

(dann folgt die eigene Sichtweise des Sachverhaltes)

(Ein Formular dazu finden Sie im Anhang und auf der CD-ROM.)

Am besten wäre es, wenn man die Unterschrift des Kontrahenten einfordern könnte, vielleicht auch die eines mitbetroffenen Kollegen/Kollegin, aber es ist nicht zwingend notwendig. Seit April 2001 gibt es ein Urteil, das die schwierige Beweislage bei Mobbing berücksichtigt (Az: 5 Sa 403/2000). Wenn kein Weg zu erkennen ist außer der Kündigung, kann das Arbeitsamt auf Antrag die Verhängung einer Sperrfrist erlassen, wenn Mobbing über ein ärztliches Attest oder einen ähnlichen Nachweis (Mobbing-Tagebuch) glaubhaft nachgewiesen werden kann.

Niemand sollte sich scheuen, mit seinen Mobbing-Problemen zu einem Arzt zu gehen, er kennt die Symptome und kann mit Überweisungen zu Fachärzten oder dem Antrag auf eine Maßnahme zur Erhaltung der Gesundheit oder deren Wiederherstellung helfen, Situationen wieder eine Perspektive zu geben.

Standhalten ...
Dies ist eine Frage, die sich im Grunde bei jeder problematischen Situation stellt, so auch bei Konflikten am Arbeitsplatz. Und wie meist gibt es auch hier keine grundsätzlich richtige oder falsche Entscheidung, denn was ich tun kann, hängt von verschiedenen Faktoren ab:

Standhalten – wem oder was?

Wird meine Menschenwürde angegriffen, hilft Standhalten nicht, da muss gehandelt werden – Fliehen ist hier nur der zweitbeste Weg, der beste ist, die Initiative zu ergreifen und ein akzeptables Verhalten einzufordern.

Sind die Machtverhältnisse extrem ungünstig, kann Standhalten Selbstmord auf Raten sein; ein gesicherter Rückzug ist meist sinnvoller. Sind die Angriffe eher Nadelstiche, die zwar schmerzen, aber nicht wirklich gefährlich sind, gibt es sinnvolle und erfolgreiche Strategien zu ihrer Abwehr.

Fliehen – oder lieber ein geordneter Rückzug?
Ein geordneter Rückzug kann sein, dass ich meine Möglichkeiten auf dem Arbeitsmarkt auslote, am besten auch zum Arbeitsamt gehe, dort meine Lage schildere und um Hilfe bei der Suche nach einem neuen Arbeitsplatz bitte. In heutiger Zeit ist es nicht einfach, diesen Weg zu gehen. Unterstützung bieten dabei Selbsthilfegruppen für Mobbing-

Betroffene an, wo Durchhaltestrategien besprochen werden können und immer wieder Motivation und Unterstützung geholt werden kann. (Auch dazu mehr im Praxisteil s. S. 105.)

Fliehen ist dann legitim, wenn Gefahr für Leib und Leben besteht. Das schließt die psychische Gesundheit mit ein. Flucht sollte nicht ungeplant, kopflos geschehen, jeder mögliche Fluchtweg muss vorher überlegt werden.

8.3   Die „finale" Lösung – das Leben ist kein Theater

Das Fass ist voll, ich kann nicht mehr. Nur noch Ruhe, Stille, nichts mehr „müssen", einfach die ganze Welt vergessen können. Vom Gedanken an Ruhe ist es nicht mehr weit zum Gedanken an ewige Ruhe – Selbstmord.

Ich habe nicht das Recht, in eine Lebensplanung einzugreifen, aber ich darf Ihnen vielleicht sagen, wie die Welt weiter lebt, wenn Sie sich verabschiedet haben: Die **Feinde** haben ihr Ziel erreicht! Sie sind weg, Sie stören nicht mehr. Sie können sich ein neues Opfer suchen. Skrupel haben sie keine, warum auch? Durch Ihren Selbstmord haben Sie doch bewiesen, dass Sie nicht in diese Welt gepasst haben. Nur ein „Loser" tut so was. Rückzug tritt nur an, wer schwach ist – oder im Unrecht. Daran ändert weder die Art Ihres Selbstmordes etwas noch ein Abschiedsbrief, den Sie vielleicht schreiben würden. Vielleicht hat irgend jemand den Anflug eines schlechten Gewissens, aber Sie sind ja nicht mehr präsent, also kann jeder Gedanke an Wiedergutmachung verdrängt werden.

Ihre Freunde und die Familie tun sich schwer mir der Art Ihres Abschieds. Sie werden leiden, von dem Gefühl des Versagens geplagt: „Hätten wir doch nur …" Solche Gedanken führen aber immer wieder nur dazu, dass Sie nicht mehr zur Verfügung stehen, um Ihnen zu zeigen, was alles noch möglich gewesen wäre.

Langsam kommt in ihnen ein leiser Groll auf. Einfach so weggehen wäre egoistisch und rücksichtslos. Auf diese Weise hätten Sie einen Schatten auf gute Beziehungen geworfen, den niemand mehr entfernen kann. Um irgendwie weiterleben zu können, müssen diese liebsten Freunde oder Familienangehörige den Gedanken an Sie verdrängen, denn das Leben mit diesem Gefühl des Versagens ist anfangs unerträglich für sie. Wirklich tot ist nur der, an den niemand mehr denkt. Wenn Ihr Tod alle zwingt, jeden Gedanken daran und an Sie zu verdrängen, dann sind Sie tatsächlich tot.

Und alle leben so weiter, als wäre nichts geschehen. Falls Sie beabsichtigt hatten, ein Zeichen zu setzen, bloßzustellen, anzuklagen: Das haben Sie nicht erreicht, mindestens nicht damit, dass Sie Ihr Leben dafür opfern. Was Sie erreicht haben ist, das perfekte Bild des Versagers darzustellen: Nicht fähig mit dem Leben klarzukommen und auch noch mit dem Selbstmord andern die Schuld an der eigenen Unfähigkeit zuschieben zu wollen.

Wollen Sie DAS? Was wollen Sie wirklich?
Dass die Kollegen oder Vorgesetzten ihr Unrecht einsehen!
Dann tun Sie was dafür!

Ihre Ruhe haben?
Dann gehen Sie weg, mit allen Konsequenzen, das ist wahre Stärke. Planen Sie Ihr Leben noch einmal neu, tun nur, was Ihnen gefällt. Sie können sicher sein, dass Ihre Feinde Ihnen jedes Vergnügen missgönnen und Sie beneiden um die neue Freiheit.

Was ist dabei, wenn Sie einige Zeit arbeitslos sind? Das ist heute kein Einzelschicksal mehr. Wichtig ist nur, dass Sie für sich neue Perspektiven finden und sich von dem Ärger der Vergangenheit mit Anmut und Zuversicht verabschieden können.

Fällt es Ihnen schwer, auf die Frage nach Ihrem Beruf zu sagen, dass Sie arbeitslos sind, dann sagen Sie es eben nicht. Sagen Sie einfach, dass Sie sich beruflich umorientieren, um mehr Sinn in das berufliche Alltagsleben zu bringen. Sagen Sie einfach, dass für Sie das Leben einfach zu wichtig ist, um es sinnlos zu vergeuden mit einer beruflichen Laufbahn, die keine Perspektive bietet. Beruf und Leben müssen harmonieren, sonst kann keines von beiden befriedigen.

Deshalb: Lerne zu träumen
        und Du wirst sehen,
        Deine Träume können Wirklichkeit werden.

II   Die Praxis – Es gibt viel zu tun!

1.   Standpunkt bestimmen

Sie kommen in eine fremde Stadt und sehen eine Tafel, auf der ein Stadtplan ist. „Toll, nun kann ich den Weg zu meinem Ziel finden. Der dicke rote Punkt zeigt, wo ich mich gerade befinde. Von hier aus muss ich erst rechts, dann links, dann …"

Leider gibt es diesen roten Punkt nicht auf dem Lebensweg. Der ist nicht so einfach als übersichtliche Strecke auf einer Karte zu erfassen. Immer dann, wenn Sie das Ziel Ihres Lebensweges nicht mehr sehen können und sich fragen, ob dieser Weg noch der ursprünglich geplante ist, kann es notwendig sein, dass Sie nachsehen, wo Sie heute überhaupt stehen.

Im Idealfall, so denkt zumindest Lieschen Müller, ist der Lebensweg eben und von Rosen und Kirschbäumen gesäumt, an jeder Biegung steht ein Prinz, der darauf achtet, dass man sicher und bequem lustwandeln kann. Spätestens nach dem Ende der Schulzeit muss leider auch Lieschen erwachen und sich der vollen Härte des Lebens stellen: Es gibt nicht nur den einen, richtigen, Weg, sondern es gibt zahlreiche. „Welchen soll ich gehen, muss ich gehen, darf ich gehen?" Schon hier müssen manchmal Kompromisse geschlossen werden.

Dann wirft Ihnen eine Hexe oder ein böser Geist so einen Felsbrocken wie Mobbing mitten in den Weg. Erst versuchen Sie, trickreich drumherum zu schleichen, aber nein, es soll wohl so sein, dass man hier nicht vorbeikommt.

Umkehren? Geht ja nun auch nicht so einfach, Sie haben schließlich ganz schön geackert, bis Sie hier angekommen sind. Sich arrangieren, indem man einfach nicht weitergeht? Das geht sicher nicht lange gut. Entweder Sie geben alle Ideale und die eigene Identität auf, oder Sie werden bitter ob der Ungerechtigkeit.

Also ich meine, da muss es noch etwas Besseres geben. Sie können sich einen neuen Weg zum Ziel suchen, oder Sie überlegen, ob das

Ziel für Sie überhaupt noch erstrebenswert ist. Es könnte ja sein, dass Sie mit der heutigen Erfahrung ganz anders denken als vor Jahren und andere Dinge im Leben wichtig geworden sind. Deshalb denke ich, es macht Sinn, seine Ziele gelegentlich zu überdenken. Dies gilt besonders dann, wenn Sie schon viele Jahre, Jahrzehnte manchmal, wie ein Hamster im Rad immer weiter laufen und scheinbar nie ankommen. War es tatsächlich die Karriere als Abteilungsleiter/in, mittels der Sie ständig neue Unternehmensziele umsetzen sollen mit Kollegen, die nicht motiviert sind, ständig bedroht von jüngeren, besser qualifizierten Aufsteigern? Wo wird da die persönliche Leistung anerkannt, wenn man ständig immer nur mehr fordert?

Aber auch wenn Sie vollkommen zufrieden mit Ihrer Arbeit waren, bis der Mobber aufgetaucht ist – lohnt sich der Kampf, eventuell lebenslang? Stehen die Chancen gut, dass er vor Ihnen aufgibt oder ausscheidet? Deshalb ist es gut, wenn Sie jetzt Ihren Standpunkt auf dem Berufs- und Lebensweg feststellen.

Ich vermute, dass Sie das Mobbing als eigentliches Problem erkannt haben und hier auch die Hauptursache für die derzeitige Krise liegt, deshalb schlage ich vor, mit der Gegensteuerung hier anzusetzen. Dafür kann Ihnen ein Mobbing-Tagebuch wertvolle Erkenntnisse liefern und den Weg für Gegenwehr zeigen (siehe Kapitel 2).

1.2 Ziel bestimmen

Wenn Sie auf einem Stadtplan die Goethestraße 8 suchen, wie gehen Sie vor? Ich mache das so: Erst suche ich das Planquadrat, dann schaue ich, ob markante Gebäude wie Kirchen, Schwimmbäder oder Krankenhäuser den Weg weisen könnten. Ich versuche, die grobe Richtung festzulegen, häufig führen Straßen erst einmal weg davon, um dann mit einigen Kurven doch dort zu landen.

Bei Konflikten am Arbeitsplatz gehe ich ähnlich vor: Das **Ziel** benennen, dann den Weg zum Ziel finden.

Ziel? Ja was will ich denn eigentlich? Die Kollegen sollen sich in Luft auflösen, der Chef könnte doch auf den Bahamas ins Exil gehen, ich will nur meine Ruhe. Sie sehen, das Ziel lässt sich nicht so einfach benennen wie bei der Goethestraße 8. Und genau das ist aber von elementarer Wichtigkeit! Wie will ich ankommen, wenn ich nicht weiß, wo?

Ziele könnten die Kündigung, der Antrag auf Versetzung, eine Intervention des Betriebsrates oder die Klärung rechtlicher Dinge sein. Versuchen Sie, Ihr Ziel in drei Sätzen zu beschreiben, dann kürzen Sie einen davon weg, dann den nächsten. Nun haben Sie in einem Satz formuliert, was Sie wollen – das ist so gut wie eine Hausnummer.

Wenn Sie nun noch mehr tun wollen, versuchen Sie Ihr Ziel positiv zu formulieren, also so etwa:

anstatt: „Diese Arbeit möchte ich nicht mehr machen!"

besser: „Ich möchte künftig verstärkt Projekte aus dem Bereich ABC bearbeiten!"

oder:

anstatt: „Mit Herrn Bauer kann kein Mensch arbeiten!"

besser: „Herr Bauer hat auf dem Gebiet der Konstruktion unerreichbare Sachkenntnis, ich würde dehalb gerne den Bereich Angebot übernehmen!"

Denken Sie daran: Kein Mensch kauft Erdbeeren, die bereits vier Tage im Regal stehen, aber Erdbeeren zum Sonderpreis nimmt doch mancher gerne mit. Deshalb sehen Sie auch nie das Schild: „Alte Erdbeeren zu verkaufen!", sondern eher dieses: „Erdbeeren heute im Sonderangebot!"

1.3 Wege zum Ziel

Ich möchte Sie noch einmal vor den Stadtplan stellen. Die Goethestraße 8 liegt im Planquadrat D4/E4 – direkt an der Bundesstraße. Also wäre der sicherste Weg direkt über diese Bundesstraße. Aber dann müsste ich erst wieder zum einen Ende der Stadt fahren, dann links, dann rechts und dann auf die Bundesstraße. Fahre ich den kürzesten Weg, direkt durch die Stadtmitte, habe ich viele Ampeln, vielleicht eine Einbahnstraße, eventuell verfahre ich mich noch kurz vor dem Ziel! Es gäbe sicher einige Möglichkeiten, mein Ziel zu erreichen, ob ich aber die kürzeste, die sicherste, die wirtschaftlichste oder die bequemste wähle, ist meine eigene Entscheidung.

Wie bei Konflikten ist auch bei Mobbing die Wahl des angemessenen Weges zum Ziel von vielen Voraussetzungen abhängig. Die wichtigsten hiervon sind für mich:

Wie weit reicht meine Kraft?
Zum Ziel komme ich nur, wenn ich mit meiner Kraft wirtschaftlich umgehe. Ein Weg mit sanfter Steigung ist manchmal sinnvoller als eine Kletterpartie mit Absturzgefahr.

Wie viel Zeit gebe ich mir?
Wollen Sie sich über Weiterbildung eine höhere Qualifikation aneignen, so haben Sie meist schon eine klare Zeitvorgabe. Aber auch sonst ist es wichtig, nicht sofort und möglichst vorgestern am Ziel ankommen zu wollen, sondern den Weg und auch die Umleitungen zu planen.

Wo mache ich eine Rast?
Es tut gut, für einige Tage oder Wochen durchzuatmen, zu sehen, was schon erreicht wurde und sich darüber zu freuen. Ein Kurzurlaub wäre ideal dazu, vielleicht auch nur ein Wochenende ohne Verpflichtungen, und auch der Jahresurlaub sollte nur zur Entspannung geplant werden.

Wer oder was gibt mir Kraft?
An Tagen, die nur grau und trübe sind, tut es gut, einen lieben Menschen zu haben, der aufmuntern kann. Falls der mal keine Zeit hat, tut es auch ein Besuch im Theater, im Saunaparadies, ein Samstag im Bett; Sie haben sicher noch viele gute Ideen.

Umweg?!
Wenn es nicht weitergeht; nicht aufgeben, einen Umweg nehmen, das Ziel sieht aus einer anderen Perspektive vielleicht noch viel besser aus!

Kurskorrektur
Zu jeder Zeit haben Sie das Recht, Ihr Ziel neu zu definieren. An jedem Tag machen Sie neue Erfahrungen, wachsen, reifen – es wäre ja durchaus vorstellbar, dass Ihnen nach einiger Zeit das Ziel nicht mehr erstrebenswert erscheint. Freuen Sie sich! Sie sind innerlich gewachsen.

2. Mobbing-Tagebuch

Sicher kennen Sie das: Sie gehen zum Arzt, weil Sie eine starke Erkältung haben und wenn Sie ihm gegenüber sitzen, schaut er zuerst in seinen Unterlagen nach, wann Sie das letzte Mal bei ihm waren und warum. Er hat für Sie eine eigene Akte angelegt, in der jede Konsultation, jedes Medikament, das Sie bekommen haben, jede Untersuchung festgehalten sind. Nur so ist eine verantwortungsvolle und erfolgreiche Behandlung möglich.

So ähnlich wird ein Mobbing-Tagebuch geführt und so sinnvoll ist auch seine Verwendung. Tagebuch? Dazu habe ich keine Zeit! Das ist doch was für verliebte Teenies.

An jedem Tag, an dem sich etwas ereignet hat, das Sie belastet, aufregt, behindert oder bei dem Sie den Verdacht haben, es könnte zu einem dieser Ereignisse kommen, nehmen Sie ein Blatt Papier und schreiben es auf. Damit das schnell und effizient geschieht, bietet sich ein vorgefertigtes Formular an, das nur noch ausgefüllt werden muss. Auf der CD-ROM und im Anhang ist ein solches Formular abgelegt, hier möchte ich nur kurz auf die einzelnen Rubriken eingehen:

Wann
Mit dem korrekten Datum und eventuell auch der Uhrzeit muss jeder Eintrag beginnen. Auf diese Weise können Sie unter Umständen einen korrekten zeitlichen Verlauf dokumentieren, wenn beispielsweise behauptet wird, Sie hätten eine Information schon viel früher erhalten, Sie hätten einen Auftrag einige Tage auf Ihrem Schreibtisch liegen lassen, Sie hätten ihn zu spät abgegeben, usw.

Wo
Die räumliche Umgebung, eventuell das Besondere daran, z.B. Büro mit offenem Fenster, große Hitze oder Kälte.

Wer
Welche Person(en) war(en) in der Nähe, oder war(en) ausnahmsweise/absichtlich gerade nicht da?

Angreifer
Wer hat mich angegriffen, meine Arbeit sabotiert, meine Leistungs-
fähigkeit eingeschränkt?

Angriff
Was wurde gesagt – getan – unterlassen? Genauen Ablauf des
Ereignisses aufschreiben.

Ziel
Mit welchem Ziel wurde der Angriff ausgeführt (siehe auch Angriffsbereiche und Mobbinghandlungen). Welches Ziel vermute ich,
welches Ziel wurde erreicht?

Beweise oder Zeugen
Gibt es zum Vorfall einen rechtsgültigen Beweis, z.B. eine schriftliche Beleidigung, körperliche Verletzung, beschädigte Arbeitsmittel,
oder haben Zeugen diesen Vorfall beobachtet?

Folgen
Welche Folge(n) hatte der Angriff? Beispiel: der Auftrag konnte nicht
ordnungsgemäß erledigt werden, meine Gesundheit beeinträchtigt,
ich bin in Tränen ausgebrochen.

Konsequenzen
Gab es Konsequenzen wie Er- oder Abmahnung, Krankmeldung,
Kündigung, Versetzung?

Gefühle
Welche Gefühle wurden in mir ausgelöst? Ohnmacht, Hass, Wut,
Verzweiflung u.a.

Perspektiven
Was wird geschehen, was möchte ich, was soll geschehen, kann
ich Dinge verhindern, wer sollte informiert werden.

Falls Sie jemand dabei beobachtet und nachfragt, was Sie aufschreiben, könnten Sie sagen:

> „Das schreibe ich auf, um mir den Kopf für Wichtigeres frei
> zu halten."
> „Manchmal ist es wichtig, Datum und Wortlaut festzuhalten."
> „Ich werde ein Buch mit Ihren Sprüchen veröffentlichen."

Ihrer Fantasie sind keine Grenzen gesetzt, vielleicht fällt Ihnen noch etwas Besseres ein.

Und wo können Sie das Mobbing-Tagebuch einsetzen?

Immer dann, wenn es um genaue Beschreibung des Vorgefallenen geht, beim Vorgesetzten, Betriebsrat, Rechtsanwalt, Arbeitsgericht ...

Ich würde aber dieses Mittel so lange wie möglich zurückhalten, damit ich nicht meine Trümpfe frühzeitig aus der Hand gebe. Wenn jemand weiß, dass Sie eine Beweissicherung betreiben, wird man es Ihnen damit schwer machen.

Auf jeden Fall bringt das Aufschreiben Erleichterung auf zweifache Weise:

> Sie schreiben den Frust auf und müssen ihn nicht mehr im Kopf hin und her wälzen.

> Sie haben zu jedem Zeitpunkt alle wichtigen Ereignisse und Daten verfügbar.

3.   Strategie planen

Am liebsten würden Sie nur Ruhe haben wollen, eine Arbeit, die anerkannt wird, eine gesicherte finanzielle Zukunft. Aber genau dies haben Sie nicht, wenn Mobbing betrieben wird. Was tun, wenn es weit und breit keinen Sand gibt, in den man den Kopf stecken kann?

Den Standpunkt haben Sie bestimmt, das Mobbing-Tagebuch zeigt Ihnen das „Strickmuster", jetzt müssen Sie entscheiden, ob Sie einen Pullover, eine Weste, einen Schal haben wollen oder ob Sie nichts Gestricktes sondern ein paar neue Schuhe brauchen.

Bezogen auf den Beruf heißt das:
Was müsste geschehen, damit ich bleiben kann?
oder
Ich will nur noch weg, aber das zu den besten Bedingungen!

3.1   Ziel: Bleiben

Das Wort „wenn" ist sicher das häufigste bei der Überlegung, wie Ihre Zukunft aussehen soll. Wenn die Sonne scheint, wird es warm, wenn es schneit, wird die Straße glatt. Es liegt aber nicht in meiner Macht zu entscheiden, ob die Sonne scheint oder Schnee fällt. Ich kann nur entscheiden:

Ich will nicht frieren – Ich will nicht schwitzen = Ich muss dafür die notwendigen Vorkehrungen treffen!

Die notwendigen Vorkehrungen, um Ihre berufliche Situation wieder in den Griff zu bekommen:

Positive Vorstellungen entwickeln!
Positive Vorstellungen beginnen damit, dass Sie formulieren, wie Sie sich die Dinge vorstellen, die verändert werden müssen. Beispielsweise: Mein Schreibtisch soll an dieser Wand stehen, da habe ich Ruhe und genügend Licht. (Der negative Satz wäre gewesen: An meinem Schreibtisch kann ich nicht mehr arbeiten, weil die Kollegin viel zu laut telefoniert und bei jedem Sonnenstrahl das Rollo herunterlässt.)

Sie müssen den anderen sagen, was Sie haben möchten, damit gibt es eine Verhandlungsbasis. Würden Sie beschreiben, was Sie nicht haben wollen, könnte darüber diskutiert werden, mit welcher Berechtigung Sie das nicht wollen, ob Sie ein Recht haben, das nicht zu wollen. Damit ist Zeit und Energie sinnlos vergeudet, denn es wurde ja noch nicht über das gesprochen, was Sie statt dessen wollen. Deshalb sollten Sie sinnvollerweise erst das ansprechen, was von heute ab und für die Zukunft wichtig ist, und nicht, was Ihnen in der Vergangenheit das Leben schwer gemacht hat. Sicher werden die vergangenen Erfahrungen bestimmend in die Zukunftsgestaltung einfließen, Sie brauchen sie aber nicht mit anderen diskutieren, denn sie haben nur für Sie ihre Berechtigung.

Jeder Weg beginnt mit dem ersten Schritt – das ist meine Abänderung eines Spruches von einem berühmten Menschen. Den ersten Schritt haben Sie getan, indem Sie das Ziel formuliert haben, alle anderen Schritte gehen Sie, wie Sie dazu im Stande sind: langsam, sicher, zielstrebig.

3.2 Ziel: Gehen

Nur noch weg? Das ist verständlich und oft ist es auch der einzige Weg, der auf Dauer sinnvoll ist. Bevor Sie den ersten Schritt unternehmen, sollten Sie Folgendes genau überdenken: **Wer kündigt wem?**

Ich kündige!
Als Arbeitnehmer hat man das Recht, ohne Angabe von Gründen fristgerecht zu kündigen. Erkundigen Sie sich dazu beim Betriebsrat, der Gewerkschaft, dem Arbeitsamt.

Ohne Kündigungsfrist kann man in Ausnahmefällen kündigen, wenn eine Gefährdung von Leib und Leben vorliegt oder eine Fortsetzung des Arbeitsverhältnisses unzumutbar wäre (z.B. sexuelle Belästigung, chemische Dämpfe, mangelnde Sicherheitseinrichtungen). Auch hier vorher Rücksprache mit dem Arbeitsamt nehmen und eventuell einen Rechtsanwalt einschalten.

Vorteile der eigenen Kündigung:
Ich bin sofort frei, kann sofort eine neue Perspektive entwickeln und alles hinter mir lassen.

Nachteile der eigenen Kündigung:
Nicht immer ist eine neue Stelle in Sicht, vielleicht auch auf längere Zeit nicht zu finden; finanzielle Nachteile entstehen durch Arbeitslosengeld oder geringeres Gehalt nach der Arbeitslosigkeit. Fortgeschrittenes Alter, so ab 40 Jahre, scheint die Chancen, schnell wieder einen Arbeitsplatz zu finden, erheblich zu mindern.

Kündigung seitens der Firma
Sie bekommen eine Kündigung aus völlig an den Haaren herbeigezogenen Gründen, wissen aber, dass dies der letzte Akt des Mobbings gegen Sie sein soll. Auch wenn Sie im Grunde nicht dort bleiben möchten, können Sie mit der Kündigung nicht zufrieden sein. Sie könnte Ihre berufliche Perspektive negativ beeinflussen, und außerdem: So einfach geht das ja nun auch nicht!

Sie haben das Recht, Widerspruch einzulegen. Erkundigen Sie sich bei der Gewerkschaft oder einem Anwalt nach der gültigen Widerspruchsfrist. Widerspruchsgründe sind abhängig vom Kündigungsgrund und von der rechtlichen Zulässigkeit der Kündigung. Hier kann ebenfalls ein Anwalt weiterhelfen. Deshalb ist es gut, wenn Sie Mitglied einer Rechtsschutzversicherung sind und dort auch der Berufsrechtsschutz mitversichert ist.

Achtung: Mobbing!
Ein Widerspruch mit der Begründung „Mobbing" wäre zwar das einzig richtige, aber zurzeit gibt es nur einige wenige rechtliche Grundlagen und Definitionen für eine entsprechende juristische Intervention. So hat z.B. am 10. April 2001 das Landesarbeitsgericht (LAG) Thüringen ein Präzedenz-Urteil zu Gunsten des Opfers gesprochen. Es lieferte eine klare Definition von Mobbing und woran Mobbing im Rechtssinn zu erkennen ist. Dabei wird das Täterverhalten ganzheitlich beurteilt und Hilfe bei Beweisnot definiert. Ein anderes Urteil (LAG Rheinland-Pfalz) hat einem Mobbingopfer 15.000 DM Schadenersatz zugesprochen. Einzelheiten und Aktenzeichen der Urteile finden Sie im Anhang.

Meine persönliche Erfahrung ist, dass es juristisch einfacher ist, aufgrund der einzelnen Tatbestände des Mobbing eine strafrechtliche Beurteilung einzuholen als eine generelle Verurteilung wegen „Mobbing" zu erreichen. Ich meine damit z.B. eine Klage wegen

Beleidigung, wegen Rufmord, wegen Verletzung arbeitsrechtlicher Tatbestände, Aufsichtspflicht- und Fürsorgepflicht-Verletzung.

Nun wäre es natürlich dumm, einer Kündigung zu widersprechen mit der Begründung: „Ich werde und wurde gemobbt, die Kündigung ist der letzte Akt, aber ich möchte in dieser Firma bleiben." Genauso unlogisch wäre es zu sagen: „Ich stimme der Kündigung zu, möchte aber ein Schmerzensgeld oder eine Abfindung." Wenn die Firma einen Kündigungsgrund gefunden hat, braucht sie keine Abfindung zu zahlen, denn Sie sind ja „selbst schuld" daran. Es ist daher wichtig, einen Grund zu benennen, der Ihr Verbleiben in der Firma unmöglich und unzumutbar macht und der Sie gegen Zahlung einer Abfindung zum Verlassen der Firma veranlassen könnte.

4.　Wie reagiere ich bei Angriffen?

Immer dann, wenn ich etwas anfasse oder mich mit etwas befas-
se, kann man das im weitesten Sinne als „Handeln" bezeichnen.
Wirft mir jemand einen Stein in den Weg (er agiert), fordert er mich
damit auf, zu handeln (zu reagieren). Mit Schikanen ist es genauso
– wer mich schikaniert, möchte erreichen, dass ich reagiere, d.h.
handle.

Gehen wir gemeinsam die Möglichkeiten durch, auf solche Menschen zu reagieren.

Die erste Überlegung: Müssen Sie wirklich jedem beweisen, welche
Qualitäten Sie haben? Manchmal ist es besser, einfach mit einem
freundlichen Lächeln zu kontern: „Und nun, welche Reaktion erwarten Sie von mir?" Es ist wichtig, dabei zu lächeln, denn damit
signalisieren Sie, dass Sie der Angriff nicht aus dem Gleichgewicht
gebracht hat, dass Sie so stark sind, über eine Gemeinheit einfach
zu grinsen.

Einige Angriffe sind so ernst zu nehmen, dass man sich entschei-
det, darauf zu reagieren, das heißt aber noch lange nicht, ein Drama
daraus zu machen. Je sachlicher ich bleiben kann, desto weniger
„Erfolg" hat der Mobber, der mich ja im Gefühlsbereich treffen will.
Meist kommen die Angriffe unerwartet und man ist nicht darauf
gefasst, da fällt einem auch so schnell keine passende Antwort ein.
Hinterher ärgern Sie sich vielleicht grün und blau, dass Sie mit
offenem Mund dagestanden sind und ein vermutlich jämmerliches
Bild abgegeben haben. Eventuell hat es die oder der Angreifer sogar
geschafft, Sie in ein Rechtfertigungsgespräch zu verwickeln. Sie
haben das Duell verloren, am Ende gar geweint vor lauter Ohnmacht.

Das passiert Ihnen nie mehr, wenn Sie sich einige Standard-
Antworten auf Angriffe zurechtlegen, die immer und in jeder
Situation passen. Vorher müssen Sie nur vor dem Spiegel üben,
diese mit einem so schönen Lächeln zu servieren, dass jeder glaubt,
das seien gar nicht Sie, das müsste Ihr Zwilling sein.

- „Oh Entschuldigung, im Moment habe ich zu tun, bitte teilen Sie mir das doch schriftlich mit."
- „Treffer, Sie haben mich total durchschaut. Wollten Sie mal Hellseher werden?"
- „Danke für das Kompliment, oder habe ich Sie miss-verstanden?"
- „Ich habe heute einen schlechten Tag, bevor ich unhöflich werde, brechen wir hier lieber ab."
- „Wir reden später darüber, ich schau mal nach einem Termin."

Die kürzesten Standard-Antworten sind:
- „Meinen Sie?"
- „Wirklich?"
- „Danke, gleichfalls!"

Ich werde anhand der von Leymann definierten Handlungen ver-suchen, abwehrende Antworten oder geeignete Reaktionen darauf zu finden, selbstverständlich ohne den Anspruch auf Vollständigkeit. Vielleicht finden Sie selbst noch bessere Lösungen.

4.1 Angriffe auf die Möglichkeit, sich mitzuteilen

Der Vorgesetzte schränkt die Möglichkeiten ein, sich zu äußern:
Schriftliche Stellungnahme abgeben über eine Aktennotiz, die an alle anderen in Kopie weitergegeben wird, eventuell mit der Bemerkung: „Mangels Gelegenheit zur persönlichen Äußerung…"
oder:
Sie sagen, dass Sie zu diesem Punkt nur schriftlich Stellung nehmen wollen, falls dies gewünscht wird.
oder:
Wenn es für Sie sehr wichtig ist, Ihre Meinung, Ansicht oder Stellungnahme abzugeben, reagieren Sie in der entschei-denden Situation nicht, sondern suchen etwas später die wichtigen Kollegen auf, denen Sie dann Ihr Statement ab-geben können, ohne daran gehindert zu werden.

Man wird ständig unterbrochen:
> Sie kennen die Situationen, in denen das geschieht: Sie beginnen mit einem Satz, hören plötzlich auf und sagen: „Möchte mich heute niemand unterbrechen?"
> oder:
> „Falls Sie mich unterbrechen wollen, ich werde Ihnen ein Zeichen geben, wann es am besten passt!"

Kollegen schränken die Möglichkeit ein, sich zu äußern:
> Viele Dinge lassen sich schriftlich, per Fax oder E-Mail erledigen.

Anschreien und lautes Schimpfen:
> Hier gibt es nur eine einzige Art zu reagieren: Wortlos aus dem Raum gehen! Das muss sich niemand gefallen lassen. Sie kommen wieder, wenn Sie freundlich lächeln können, auch wenn das eine Stunde dauert. Sie könnten dann sagen:
> „Sprechen Sie ganz normal mit mir, ich verstehe und begreife alles, auch dass Sie mich mit dem Gebrüll/Schimpfen demütigen wollten. Das dulde ich nicht und fordere Sie zu einem kommunikativeren Gesprächsstil auf."

Ständige Kritik an der Arbeit:
> Kritik wörtlich aufschreiben (Mobbing-Tagebuch), nichts sagen. Auf Nachfrage sagen: „Ich versuche einen Sinn bei Ihrer Kritik herauszufinden, denn sie erscheint mir zu ungenau zu sein."
> oder:
> „Ihre Kritik erscheint mir etwas überzogen zu sein, haben Sie heute irgendwelche Probleme gehabt?"
> oder:
> „Ich arbeite hier, weil ich einen Arbeitsvertrag habe. Es steht nichts davon darin, dass wir uns mögen müssen. Respektieren Sie doch einfach nur meinen Arbeitseinsatz."

Ständige Kritik am Privatleben:
> „Schade, dass wir zum Arbeiten hier sind und nicht um unser Privatleben zu besprechen! Sie könnten mir sicher gute Anregungen geben, wie ich mehr Erfolg haben könnte!"

oder

„Sie sind wohl nicht ausgelastet mit Ihrer Arbeit, aber mein Privatleben geht Sie nichts an. Suchen Sie sich doch einfach eine sinnvolle Arbeit."

Telefonterror:

Ist strafbar! Telefon-Dienstleister einschalten, Anzeige erstatten.

Mündliche Drohungen:

„Habe ich Sie richtig verstanden, dass ...?"

„Sie sind sich klar darüber, dass ich darauf keine andere Handlungsalternative habe als Sie zur Unterlassung aufzufordern, wenn nötig bis zur letzten Konsequenz."

Schriftliche Drohungen:

Sofort damit zum Rechtsanwalt.

Kontaktverweigerung durch abwertende Blicke und Gesten:

Den Kontakt auf das absolut Notwendige einschränken. Wenn es unbedingt sein muss, mit erhobenem Kopf und selbstsicher auf die Person zugehen und das Anliegen vorbringen, eventuell mit den Worten beginnen: „Ich werde Ihre Gegenwart nicht unnötig lange beanspruchen, aber ..."

oder

„Fehlt Ihnen etwas?" Freundlich lächelnd weitergehen.

Kontaktverweigerung durch Andeutungen, ohne dass man etwas direkt ausspricht:

Selbstsicherheit demonstrieren durch freundliches Lächeln, eventuell fragen: „Haben Sie Probleme, bei denen ich Ihnen helfen könnte?"

oder

„Ich sehe, Sie haben ein Problem mit meiner Anwesenheit, aber es lässt sich nicht umgehen, dass ..."

4.2 Angriffe auf die sozialen Beziehungen

Man spricht nicht mehr mit dem Betroffenen:
Soweit möglich ignorieren, notwendige Informationen schriftlich einfordern. Bei anderen Kollegen versuchen, Gespräche über neutrale Themen zu führen, um die Ausgrenzung erträglicher zu machen.

Man lässt sich nicht ansprechen:
Wenn möglich schriftlich Kontakt halten; wenn nicht, diese schriftliche Kontaktverweigerung als Beweis nehmen für weitergehende Schritte.

Versetzung in einen anderen Raum weitab von den Kollegen:
Schriftlich eine Bestätigung der Versetzung an den zuständigen Vorgesetzten per Einschreiben schicken, damit dieser seine Mitwirkung an der Versetzung nicht abstreiten kann. Später mit entsprechenden Argumenten eine Rücksetzung fordern, eventuell einklagen.

Den Arbeitskollegen wird verboten, den Betroffenen anzusprechen:
Ausgrenzung ist psychische Misshandlung. Für Beweise sorgen und zum Anwalt gehen.

Man wird wie Luft behandelt:
Ausgrenzung wie oben, verstößt gegen Menschenrechte. Einklagung aber wegen schlechter Beweislage schwierig. Kündigung in Erwägung ziehen.

4.3 Angriffe auf das soziale Ansehen

Hinter dem Rücken wird schlecht gesprochen, man verbreitet Gerüchte:
Zivilrechtlich relevant, z. B. Rufmord, üble Nachrede, Beleidigung. Beweise suchen, erst mündlich Unterlassung einfordern und rechtliche Schritte ankündigen, wenn das nicht hilft, auf Unterlassung klagen.

Man wird lächerlich gemacht:
Mitlachen; wenn die Situation nicht zum Lachen ist, kann man sagen: „Ich freue mich, dass Sie über solche Dinge noch

lachen können. Könnten wir jetzt vom Kindergarten nach Hause kommen und zur Arbeit gehen?"

Man wird verdächtigt, psychisch krank zu sein:
Krankheit, auch psychische, ist kein Makel. Antwort: „Wer in diesem Laden normal bleibt, muss psychisch krank sein!" Fragen: „Sie glauben, ich sollte zu Hause bleiben?"
oder:
„Sie haben sicher mal ein Medizinstudium begonnen, aber wenn ich richtig informiert bin, arbeiten Sie hier nicht als Arzt, sondern als …, deshalb werde ich auch nur Aussagen zu Ihrem Aufgabenbereich und keine medizinischen Diagnosen zur Kenntnis nehmen."
oder:
„Sie haben Probleme/Erfahrungen mit psychischen Erkrankungen?"

Man will psychiatrische Untersuchung erzwingen:
Um eine schriftliche Begründung bitten. Diese dann dem Anwalt vorlegen als Argument für Rufmord, üble Nachrede, Beleidigung. Auf Unterlassung klagen.
oder
„Sie haben recht, eigentlich müsste ich einmal einen Fachmann konsultieren, denn dass ich hier noch arbeite, kann nicht ganz gesund sein."

Man macht sich über eine Behinderung lustig:
Solche Menschen sind so dumm, dass eine Reaktion zu viel der Ehre für sie wäre. Eventuell einen Schnuller kaufen, dem/der Betreffenden schenken mit der Bemerkung: „Falls Sie neben Ihrem kindlichen Horizont noch andere Phasen nicht ganz überwunden haben sollten …"

Man imitiert Stimme, Gesten, Gang mit dem Ziel, Sie lächerlich zu machen:
„Sind wir hier im Kindergarten, oder fehlt Ihnen die Arbeit?"
„Sie werden es nie schaffen, so gut wie ich zu lispeln/ stottern/hinken."
„Als Karikaturist sind Sie nicht begabt genug, es wäre besser, Sie blieben bei der Arbeit."

„Ich kann über Sie nicht lachen, Sie wirken so total peinlich bei Ihrer Imitation."

Man greift politische oder religiöse Einstellungen an:
Damit muss jeder rechnen. Am Arbeitsplatz muss niemand seine politischen oder religiösen Einstellungen diskutieren, sofern sie nicht in die Arbeit einfließen. Antwort: „Haben Sie Probleme mit mir, die meine Arbeitsweise betreffen, oder nur aus dem privaten Bereich? Diese würde ich mit Ihnen dann auch nur in der Freizeit besprechen. Ich bin hier zum Arbeiten, Sie auch?"

Man macht sich über das Privatleben lustig:
„Da staunen Sie, nicht war, das sprengt Ihren engen Horizont sicher." „Kann ich Ihnen sonst irgendwie helfen, wir sind ja beide hier um zu arbeiten, nicht um Ihre Engstirnigkeit zu kurieren."

Man macht sich über die Nationalität lustig:
„Das ist im Grunde ja Neid, Sie hätten wohl auch gerne ein Haus in Griechenland – Italien, der Türkei …"

Man zwingt Sie, Arbeiten auszuführen, die Ihr Selbstbewusstsein verletzen:
Mobbing-Tagebuch beginnen, Arbeit und Arbeitsanweisung festhalten um bei Wiederholung auf andere Art reagieren zu können. Eventuell Klage vor Arbeitsgericht.

Man beurteilt Arbeitsleistung falsch oder in kränkender Weise:
Grenzen setzen: „Ich dulde nicht, dass Sie so mit mir reden. Ich beende das Gespräch für heute und bitte Sie um einen Termin in den nächsten Tagen, wo wir diese Sache in Ruhe noch einmal besprechen."

Man stellt Entscheidungen des Betroffenen in Frage:
Gründe für die Infragestellung erfragen, aufschreiben und prüfen. Treffen sie nicht zu, auf Gegendarstellung bestehen.

Man ruft obszöne Schimpfworte oder entwürdigende Ausdrücke nach:
Zivilrechtliche Schritte einleiten, Zeugen oder Beweise suchen.

Sexuelle Annäherungen oder verbale sexuelle Angebote:
> Mobbing-Tagebuch führen, Aktionen eintragen, zum Anwalt gehen und Beratung suchen. Innerhalb der Firma vorerst nichts sagen, um nicht in den Vorwurf der üblen Nachrede zu kommen.

4.4 Angriffe auf die Qualität der Berufs- und Lebenssituation

Man weist keine Arbeitsaufgaben zu.
Man nimmt die Möglichkeit weg, irgendeine Beschäftigung auszuüben.
Man erteilt sinnlose Aufgaben.
> Bei allen drei Punkten gilt:
> Arbeitsverhältnis ist zerrüttet, hier greift keine Abwehr. Mobbing-Tagebuch führen und Kündigung in Erwägung ziehen.

Man erteilt Aufgaben weit unter der persönlichen Qualifikation:
> Im Mobbing-Tagebuch festhalten, von wem welche Aufgabe mit welcher Begründung zugewiesen wurde. Am Anfang hilft auch die Nachfrage: „Sind Sie sicher, dass ich das kann? Wissen Sie, das letzte Mal, als ich diese Arbeit machte, liegt X Jahre zurück und da Sie mir nicht zutrauen, meine eigentliche Arbeit zu tun, wie sollte ich dann diese erst erledigen können?"

Man gibt ständig neue Aufgaben:
> Dokumentieren im Mobbing-Tagebuch, entsprechende Reaktion nach einiger Zeit.

Man gibt kränkende Aufgaben:
> Schriftlich festhalten, eventuell gerichtlich dagegen angehen.

Man gibt Arbeitsaufgaben, welche die Qualifikation übersteigen mit dem Ziel, zu diskreditieren:
> Arbeitsvertrag und Arbeitsplatzbeschreibung hervorholen, einen vertrauenswürdigen Zeugen suchen und ein Gespräch unter mindestens sechs Augen verlangen: Sie, eine Vertrauensperson, die Person, die Ihnen die Arbeiten anweist.

4.5 Angriffe auf die Gesundheit

Zwang zu gesundheitsschädigenden Aufgaben:
> Schriftliche Anweisung als Beweis einfordern, bei Verweigerung eine Person des Vertrauens als Zeugen dazu holen.
> Andere Zeugen ansprechen.
> Übergeordnete Stellen um Vermittlung bitten.

Androhung von Gewalt:
> Sie können sagen: „Ich fasse das als Drohung auf und fordere Sie auf, solche Äußerungen zu unterlassen. Ich werde mich sonst dagegen schützen."
> Dafür sorgen, dass es Zeugen gibt.
> Jede Drohung aufschreiben, Tag, Uhrzeit, Zeugen notieren und eine Kopie davon nach Hause nehmen.

Anwendung leichter Gewalt, Denkzettel verpassen:
> „Sie sind zu weit gegangen. Ich erwarte, dass Sie sich entschuldigen. Sollten Sie das nicht bis (Tag, Datum) getan haben, werde ich die Kollegen/Vorgesetzten/Inhaber/einen Rechtsanwalt davon in Kenntnis setzen."

Körperliche Misshandlung:
> Sofort einen Arzt aufsuchen, die Misshandlung schildern, über einen Rechtsanwalt Unterlassung einfordern und weitergehende Maßnahmen ankündigen.
> Bei Firmenleitung und Betriebsrat einen Schutz vor Misshandlung einfordern. Eventuell Freistellung, bis die Situation geklärt wurde und der Verursacher entfernt wurde.

Verursachung von Kosten zu Lasten des Betroffenen mit Schädigungsabsicht:
> Beweise sichern. Wenn es keine Beweise gibt: eine Argumentation aufbauen aus der hervorgeht, dass die Kosten unter keinen Umständen von Ihnen verursacht worden sind, z.B. lückenloser Nachweis über Ihre Arbeitszeit im Hinblick auf den Zeitablauf des schädigenden Vorganges.

Physischen Schaden anrichten am Arbeitsplatz oder im Heim des Betroffenen:

> Hier hilft nur, den Schaden bei der zuständigen Polizeibehörde zu melden und den unbekannten Täter ermitteln zu lassen. Dabei eventuell den Verdacht mitteilen und Beweise dafür vorlegen.

Sexuelle Handgreiflichkeiten:

> Meldung an Vorgesetzte, Betriebsrat, Firmenleitung. Beweise dafür gibt es meist keine, Zeugen auch nicht. Trotzdem Unterlassung einfordern, auch schriftlich.

Alle Angriffe, die gegen die Gesundheit oder die Menschenwürde gehen, insbesonders die sieben letztgenannten, sollten einem Juristen unterbreitet werden. Er kann beurteilen, welche Beweise rechtsgültig sind und juristische Schritte einleiten, z.B. Unterlassung einfordern, Klage einreichen. Gleichzeitig ein Protokoll an den Arbeitgeber schicken, der im Rahmen seiner Fürsorgepflicht für Unterlassung zu sorgen hat.

4.6 Immer diese Fehler!

Zum Thema „Sie haben hier einen Fehler gemacht ...":

> Wer arbeitet, macht Fehler.
> Wer wenig arbeitet, macht wenig Fehler.
> Wer nicht arbeitet, macht keine Fehler.
> Wer keine Fehler macht, wird befördert.

Diesen Spruch finde ich so tröstlich, dass ich ihn immer wieder weiterempfehle. Auch wenn seine Logik verblüffend ist, lässt er sich doch nicht in jedem Fall zitieren.

Wie kann ich den Vorwurf, meine Arbeit sei fehlerhaft, annehmen und was kann ich darauf erwidern?

1. Den Vorwurf zur Kenntnis nehmen:

> „Danke, dass Sie mich auf diese/n Fehler hinweisen, das hätte tatsächlich fatale Folgen haben können, wenn es niemand bemerkt hätte"

2. Jeden einzelnen Fehler benennen lassen:
   „Wie sehen die Fehler im Einzelnen aus?", „Worin sehen Sie einen Fehler bei dieser Arbeit?"

3. Für jeden Fehler einen Beweis einfordern:
   „Wie sind Sie auf diesen Fehler aufmerksam geworden", „Was macht Sie so sicher, dass dieser Fehler von mir verursacht wurde?"

4. Zeit zur Kontrolle der fehlerhaften Vorgänge erbitten:
   „Ich werde diese Punkte noch einmal gründlich überdenken und bitte Sie daher um zwei Stunden/Tage Zeit. Dann kann ich Ihnen meine Sichtweise darlegen."

Bis hier her noch kein Wort zur Verteidigung!

Notieren Sie die Antworten auf diese vier Punkte. Gehen Sie die bemängelte Arbeit durch, prüfen Sie, ob die Fehler auf Grund mangelhafter Information oder fehlerhafter Information entstanden sind.

Wenn Sie selbst etwas „verbockt" haben, überdenken Sie die Situation, die dazu geführt hat:

Zeitdruck
Termindruck
Arbeitsüberlastung
schlechte Arbeitsplatz-Ausstattung
schlechte Arbeitsbedingungen
schlechtes Betriebsklima

Am Ende dieser Überlegungen fassen Sie Ihr Ergebnis in einem kurzen Satz zusammen:

Beispiel: „Bei dieser Hektik passiert so was eben."

Mit diesem Satz kämen Sie bei Ihrem Chef wahrscheinlich nicht gut an, auch wenn er der Wahrheit entsprechen würde. Aber wie kann ich ihm das so beibringen, dass er etwas verändern kann?

Hektik fällt nicht vom Himmel wie Regen, sie wird von Menschen gemacht. Manche können nur arbeiten, wenn alle und alles um sie herum in Bewegung ist, andere empfinden das als störend. Die einen brauchen Termindruck, um in Schwung zu kommen, andere sehen in der Ruhe die Kraft liegen.

Also, wie hätten Sie es gerne?

> „Ich möchte jeden Tag zu einer festgelegten Zeit keine Anrufe entgegen nehmen müssen, dann könnte ich mich besser konzentrieren."
>
> „Ich möchte gerne das Fenster zur Hauptstraße geschlossen haben, damit der Autolärm geringer ist."
>
> „Ich brauche zur Bearbeitung eines Auftrages eine Frist von X Tagen."
>
> „Ich brauche zu meiner Bearbeitung sachliche Auskünfte und umfassende Informationen."

Damit können Sie Ihrem Chef einen konstruktiven Ansatz bieten: Sie gehen mit Vorwürfen sachlich um und bieten konkrete Vorschläge, die Arbeitssituation zu verbessern um bessere Arbeitsleistung liefern zu können.

Allerdings ist das nicht immer so einfach, ansonsten wäre der Vorgang nicht unter „Mobbing" abzuhandeln. Der Vorwurf „Sie machen zu viele Fehler!" ist bei Mobbern sehr beliebt. Er trifft eigentlich immer, und wo er nicht gleich trifft, trifft er später. Denn wer diesen Vorwurf immer wieder hört, wird so nervös, dass er unweigerlich Fehler macht.

Fehler macht niemand absichtlich und niemand hat es gern, auf Fehler angesprochen zu werden. Was ist so schlimm an den Fehlern? Ich möchte mich hier auf die Fehler bei der Arbeit und am Arbeitsplatz beschränken, obwohl es auch in der Freizeit genug Möglichkeiten gibt, Fehler zu machen.

Mit meinem Arbeitgeber habe ich einen Arbeitsvertrag abgeschlossen. Darin ist definiert, für welche Tätigkeit ich eingestellt bin und wieviel Geld ich dafür verdiene. Durch Tarifverträge werden die Arbeitszeit, der Urlaub und andere Dinge geregelt. Im Idealfall bekomme ich auch eine Arbeitsplatzbeschreibung in der genau festgelegt ist, welche Art Tätigkeit ich ausübe, welche Kompetenzen ich habe und welche Pflichten. Sie werden darin nichts zum Thema „Fehler" finden und das ist gut so. Das heißt nämlich, es steht auch nicht drin: „Sie dürfen keine Fehler machen".

In jedem Fall ist das Verhältnis von getaner Arbeit zu den Fehlern zu sehen. Und hier liegt der häufigste Fehler: Jede/r glaubt von sich, keine Fehler zu machen und ist von sich selbst enttäuscht, wenn ihm jemand anderes das Gegenteil beweist, oder wenn man selbst einen Fehler in der Arbeit bemerkt.

Fehler lösen immer unangenehme Gefühle aus. Diese unangenehmen Gefühle wirken als Motivation, Fehler zu vermeiden. Als Kinder lernen wir, wie man mit Feuer, Schere, Messer, Fahrrad umgeht, indem der falsche Gebrauch uns körperliche Schmerzen zufügt. In der Schule lernen wir Vokabeln und Formeln, wenn wir Fehler machen, sind die Noten im Zeugnis schlecht. Das tut nicht weh, aber es hat eine Menge negativer Folgen: von nörgelnden Eltern bis zu schlechten Berufsaussichten. Je nach persönlicher Reife und Intelligenz werden wir dann mehr Energie für das Lernen aufwenden, wenn wir diese Nachteile nicht haben möchten.

Im Beruf wirken sich Fehler in der Arbeit auf die berufliche Stellung aus: Sie sind ein Kriterium für die Bezahlung und Beförderung.

Neben dem Bereich Familie und Freizeit befriedigen wir im Beruf unsere **sozialen Bedürfnisse** nach Zugehörigkeit, Kontakt, persönlicher Zuwendung, und wenn wir hier versagen, droht Ausgrenzung in einem wichtigen Lebensbereich. Das macht Angst und verursacht einen enormen Leistungsdruck, je nachdem, wie wichtig der berufliche Bereich für unser Leben ist.

Der Arbeitgeber ist über Versicherungen abgesichert für den Fall, dass ein fehlerhaftes Produkt Schäden an Dritten verursacht, er kann den einzelnen Angestellten höchstens bei Fahrlässigkeit oder Absicht zur Rechenschaft ziehen. Er ist aber genau so an einwandfreier Arbeit und einem perfekten Produkt bei vertragsgerechter Lieferzeit interessiert wie Sie an einer pünktlichen und korrekten Entlohnung. Sie bilden ein Team und können nur gemeinsam erfolgreich sein. Fehler wirken sich hier manchmal erst nach einiger Zeit aus. Da viele einzelne Personen an der Herstellung oder Bearbeitung beteiligt sein können, ist auch die Zahl der potenziellen „Fehler-Macher" groß. Es beginnt im Schneeballsystem die Suche des Schuldigen, nicht weil dieser den Fehler bereinigen könnte, sondern einfach nur, um sich selbst frei zu sprechen.

Fehler verschieben ist eine beliebte Mobbing-Strategie. Deshalb sollten Sie nur über Fehler diskutieren, die eindeutig Ihnen zuzuordnen sind. Vorbeugen ist die bessere Strategie als Verteidigung. Es ist klar, dass niemand absichtlich Fehler macht und mit gewissenhafter Arbeit die beste Vorbeugung getroffen wird. Aber was kann sonst noch gegen ungerechtfertigte Fehlerdiskussionen unternommen werden?

Sammeln Sie Pluspunkte!
Jede Arbeit, die Sie als gut gelungen, schnell erledigt, besonders kompetent bearbeitet oder einfach als erfreulich empfunden haben, dokumentieren Sie in der Form eines **Kompetenz-Reportes**. Darin wird die Arbeit kurz beschrieben, der zeitliche Rahmen, die technischen Möglichkeiten oder Bedingungen, die beteiligten Personen und worin Ihre besondere Leistung in diesem Fall steckt.

Beispiele:
Sie sind Verkäuferin in einem Bekleidungsgeschäft. Eine Kundin möchte einen Mantel umtauschen, der ihr doch nicht gefällt. Ihr Mann hätte gemeint, sie sähe so alt darin aus. Sie bitten die Kundin, den Mantel nochmal anzuziehen und stellen fest, dass es die Länge ist, die nicht stimmt und stecken einfach 3 cm davon nach innen. Der Mantel sieht sofort viel flotter aus, die Kundin bestellt die Änderung und nimmt den Mantel doch.

> Der Kompetenz-Report:
> Kundin wollte Mantel (XXX €) umtauschen, nach Änderung der Länge konnte ich sie überzeugen, dass ihr Kauf doch richtig war. Ich habe eine zufriedene Kundin gewonnen und der Firma erhalten.

Sie sind Techniker im Maschinenbau und sollen ein neues Maschinenteil entwerfen. Als Vorlage wird aus einem anderen Auftrag ein ähnliches genommen. Bei der Überarbeitung fällt Ihnen auf, dass ein kompletter Arbeitsgang in der Blechbearbeitung eingespart werden könnte, wenn eine Bohrung verlegt würde, und zwar würde diese Veränderung bei beiden Maschinen Zeit und Arbeitskraft einsparen.

Der Kompetenz-Report:
Die Bohrung Nr. 17 kann entfallen, dadurch 25 Minuten für einspannen, ausrichten, bohren eingespart. Im Herstellungspreis beträgt die Ersparnis XX € pro Platte.

Sie sind Krankenschwester auf einer chirurgischen Station eines Kreiskrankenhauses. Ein Kind aus Frankreich, Austausch-Schüler, wird wegen eines Fahrradunfalls eingeliefert. Er versucht dem Ambulanzarzt in gebrochenem Deutsch etwas zu erklären, dieser kann jedoch nicht so viel französisch, dass er den Sinn versteht. Da Sie nach dem Abitur bei einer französischen Arztfamilie als Aupair gearbeitet haben, kennen Sie den Begriff für „Allergie" und können dem Arzt erklären, dass der Junge unter mehreren Allergien leidet.

Der Kompetenz-Report:
Meine umfassenden französischen Sprachkenntnisse ermöglichten mir die Verständigung mit einem Patienten und so konnten Allergien gegen Medikamente bei der Behandlung berücksichtigt werden.

Sie meinen, das seien alles Selbstverständlichkeiten? Richtig, normalerweise schon. Jeder macht ja seine Arbeit so gut wie möglich. Aber denken Sie wirklich darüber nach, wie viele gute Ideen und sorgsames Nachdenken manche Schwierigkeiten aus dem Weg geräumt haben? Wenn Ihnen dann jemand vorwirft, dass vor „dass" ein Komma kommt – können Sie den dann noch ernst nehmen?

Es zählen nicht nur die Fehler, es zählt auch

- jede Stunde in der Nacht, in der Sie gedanklich an Ihrem Arbeitsplatz waren
- jede gute Idee, mit der Sie Zeit oder Material eingespart haben
- jedes Lächeln, mit dem Sie Kollegen aufgemuntert haben
- jedes Nachsehen mit einem unkonzentrierten oder überlasteten Kollegen.

Ihnen fallen sicher noch viel mehr positive Ansatzpunkte ein, die man hier aufzählen könnte. Warum tun Sie das nicht? Nur für sich selbst, und um sie bei Gelegenheit auch Ihren Kollegen und den Vorgesetzten zu zeigen!

So, und nun vergleichen Sie, ob die Fehler wirklich so gravierend waren, dass diese Kompetenzliste ihre Wirkung verliert. Viel Erfolg dabei und vor allem viel Spaß, denn ich bin sicher, Sie sehen jetzt Ihre Fehler anders.

4.7 Sie sind zu langsam!

Wie eine Schnecke würden Sie sich bewegen, die Arbeitsleistung sei entsprechend. Alle anderen würden flotter arbeiten. Wie die Schnecke, stumm, zurückgezogen in Ihr Schneckenhaus, sitzen Sie da und erwarten den Fußtritt, der Ihrem Schneckenleben ein Ende setzt.

Dabei hatte alles so gut angefangen: Ihre Pünktlichkeit und Genauigkeit wurde geschätzt und gelobt. Kein Fehler ist Ihnen entgangen, lange Jahre waren Sie der ruhende Pol in der Abteilung.

Seit der neue Kollege da ist, hat sich alles verändert. Schon morgens kommt er mit einer wehenden Fahne Aftershave zur Tür herein und verkündet, dass heute sein Tag sei, heute bringe er die Dinge echt zum Laufen, die die anderen schon seit Wochen müde vor sich hin wälzten. Ein Schwätzchen mit Tanja, auch Nadine wird mit Aufmerksamkeit überschüttet, sie hat heute eine neue Frisur. Dann einige Telefonate, „Ja, ich habe *die* Lösung für Sie!" – „Natürlich, ich habe das alles schon erledigt, schon seit Tagen, mal sehen, wo es noch rumliegt ..." – „Natürlich, Herr XY, das war kein Problem, ich habe für jedes Problemchen immer mindestens drei Lösungen!" – ein Mann, an dem einfach niemand vorbeikommt.

Die anderen Damen im Hause werden dann in seine Tagesplanung eingeweiht: „Darling, haste schon mal ...", „Süße, kannst Du mal eben?"

Dann tritt er vor Ihren Schreibtisch. „Nicht dass ich Sie aufwecken möchte, Frau XY, aber *irgendwann* sollten auch Sie mal etwas tun! Wäre es vielleicht, ohne Sie zu überanstrengen, möglich, mir den

Vorgang der Firma ABC heute noch bearbeitet zu übergeben?" Allein der Ton, in dem Sie angesprochen wurden, provoziert Sie. Sie könnten ihn höflich darauf aufmerksam machen, dass er Ihnen diesen Vorgang erst gestern abend gegen 17.30 Uhr auf den Schreibtisch gelegt hatte. Es war die 23. Angebotsmappe an diesem Tag. Eigentlich zählt es nicht zu Ihrem Aufgabengebiet, diese Dinge zu bearbeiten, das müsste Herr Dynamischundflott eigentlich selbst machen. Weil dann aber immer einige Rechenfehler drin sind, haben Sie ihm angeboten, diese Arbeit für ihn zu erledigen, da sie am Ende dann die Aufträge zur Bestellung und Abrechnung doch noch in die Hand nehmen müssen. Aber um den Betriebsfrieden zu wahren fragen Sie ihn einfach nur, bis wann er die Mappe braucht, worauf er antwortet: Gestern! Na ja, mit ihm ist eine Zusammenarbeit einfach schwierig. Sie lassen alles andere liegen und machen den angeforderten Vorgang fertig. Sie bringen ihm die Mappe an den Schreibtisch mit den Worten: „Sie wollten diesen Vorgang dringend haben, bitte schön!" Anstatt sich nun zu bedanken oder wenigstens höflich zu schweigen, kommt als Reaktion dieser Satz: „Frau XY, Sie haben von mir noch fünf weitere dringende Aufträge auf Ihrem Schreibtisch eingelagert, wäre es möglich, mir einen ungefähren Abgabetermin zu nennen, oder würde diese Anstrengung die Bearbeitung noch einmal um ein Jahr verzögern?" Sie wissen nicht, ob das kalte Wut ist, die Sie aufsteigen fühlen, oder die pure Verzweiflung. Sie wissen nur, dass jetzt Tränen aus Ihren Augen rinnen. Sie drehen sich um, gehen zur Toilette, dem einzig sicheren Raum in dieser Hölle. Hinter sich hören Sie leises Kichern, die jungen Kolleginnen amüsieren sich über die forsche Art des Kollegen und verstehen Ihre Aufregung nicht.

Und so oder ähnlich geht es jeden Tag. Was könnte man tun, wie müsste man reagieren, um solchen Menschen gleichwertig gegenüber treten zu können? Das einzige, was Kollege Dynamischundflott Ihnen voraus hat, ist seine Schlagfertigkeit und die Fähigkeit, der Arbeit geschickt aus dem Weg zu gehen. Fachlich sind Sie kompetent, aber die ständige Hektik macht Sie kaputt, körperlich und auch psychisch.

Es gibt auch hier mehrere Möglichkeiten zu reagieren:

Abwehr

> Das Prädikat „langsam" nicht akzeptieren
> Antworten zur Abwehr:
> „Sie haben mir die Arbeit am … um … Uhr übergeben und ich werde sie Ihnen am … um … bearbeitet bringen. Sollten Sie sie früher benötigen, bitte ich Sie, jemand anderen damit zu beauftragen."
> „Ich brauche zur Bearbeitung X Stunden, vorher muss ich noch ca. Y Stunden an den Aufträgen ABC arbeiten. Abgabetermin ist somit … Wünschen Sie bevorzugte Bearbeitung, klären Sie dies bitte mit den Vorgesetzten."
> „Wenn Sie an meiner Arbeitsweise etwas Grundsätzliches auszusetzen haben, klären wir dies in einem Gespräch unter vier Augen oder mit (andere Personen benennen). Jetzt gehe ich an meine Arbeit, die ich so einteile, wie ich es für richtig halte/wie es mir gesagt wurde."

Ignorieren

> „langsam" ist nicht nur negativ zu bewerten
> „Sie meinen, ich arbeite zu langsam/umständlich/altmodisch/nicht effektiv genug? Tut mir leid, da bin ich nicht Ihrer Ansicht."
> „Haben Sie Probleme damit, dass ich gründlich und weitblickend arbeite?"
> „Würden Sie das in einer kürzeren Zeit erledigen? Bitte schön, Sie dürfen mich gerne unterstützen."
> „Ich liefere Qualitätsarbeit, pfuschen liegt mir nicht, also akzeptieren Sie bitte meine Bearbeitungszeiten."

Selbstschutz

> Humor hilft in allen Lebenslagen
> „Ich bin hier, um zu arbeiten, nicht auf der Flucht."
> „Rom wurde nicht an einem Tag erbaut und wer zum Mars fliegen will, kann eine ganze Weile nicht mehr den Sonnenaufgang sehen."
> „Ich arbeite langsam, aber gut!"
> „Sie haben Stress? Da haben Sie eine um 20 % kürzere Lebenserwartung als ich."

„Stress und Hektik sind Ausdruck von Unfähigkeit, richtig zu planen."

„Sie meinen, ich sei eine Schnecke? Wissen Sie, dass bestimmte Schnecken unter Naturschutz stehen? Ohne Schnecken keine Frösche, ohne Frösche keine Störche, ohne Störche keine Kinder, ohne Kinder keine nervigen Kollegen, ohne Kollegen keine Profilierung."

Soweit die Möglichkeiten, mit dem unberechtigten Vorwurf der Langsamkeit umzugehen. Sollten Sie selbst der Meinung sein, Sie seien langsamer als Ihre Kolleginnen oder Kollegen und es gibt einen Grund dafür, sollten Sie auch dazu stehen.

Ein Beispiel:
Aufgrund eines Sehfehlers fällt Ihnen das Erkennen von Zahlen schwer, Sie verwechseln häufig 3 und 8, 2 und 7 oder so ähnlich. Natürlich müssen Sie dann alle Arbeiten, in denen Zahlen vorkommen, doppelt gründlich kontrollieren, und das braucht Zeit. Entweder Sie gehen das Risiko ein, Fehler zu machen, oder alle anderen könnten diese Arbeit schneller als Sie erledigen. Sollten Sie aus diesem Grund auf Ihre Langsamkeit angesprochen werden, würde ich damit ganz offen umgehen. „Leider habe ich diese Leseschwäche und sie lässt sich auch mit Brillen nicht vollkommen korrigieren. Deshalb hoffe ich auf Verständnis, wenn ich mehr Zeit benötige. Diesen Nachteil versuche ich auszugleichen, indem ich …" Sicher können Sie diesen Satz für sich zu Ende formulieren.

Auch wenn Sie nicht in allen Ihren Arbeitsgebieten immer und jederzeit absolut Spitzenleistungen abliefern, können Sie doch erwarten, dass Kollegen und Vorgesetzte damit fair umgehen und Sie deshalb nicht beleidigen oder diffamieren. Je deutlicher Sie diese korrekte Behandlung einfordern, desto weniger eignet sich das Thema Langsamkeit zum Mobbing-Mittel.

5. Gesprächsplanung: Wie plane ich Gespräche

Es ist einfach, Gespräche zu führen, wenn ich mich gut fühle, wenn ich glaube, im Recht zu sein, wenn ich die anderen Teilnehmer mag und auch sicher sein kann, dass sie es mit mir gut meinen.

Ganz anders stellt sich die Situation dar, wenn Mobbing im Spiel ist und dieses auch den Anlass für das Gespräch liefert.

Erlauben Sie mir auch hier im praktischen Teil einige theoretische Worte: Männer und Frauen unterscheiden sich, neben den allseits bekannten Unterschieden, auch in der Wahrnehmung. Mein ehemaliger Psychologieprofessor hat mir erklärt, dass Männer die Welt als hierarchisch geordnet wahrnehmen. Ihre Aufmerksamkeit richtet sich darauf, wer oben ist und wer unten. Ihr Verhalten zielt darauf, einen möglichst hohen Status in der Rangordnung einzunehmen. Man nennt diese Beziehungen asymmetrisch; es besteht kein Gleichgewicht. Es sind Beziehungen zu Inhabern von Macht und Befugnissen und Machtlosen und Unbefugten, immer droht die Gefahr der Veränderung. Frauen dagegen sollen in einer horizontal strukturierten Wahrnehmung leben, in der es um zwischenmenschliche Kontakte und Verbindungen geht. Wichtige Punkte sind Nähe oder Entfernung zu Gleichberechtigten.

Heute leben wir in einer Zeit des Umbruchs, wo solche Definitionen mit Vorsicht zu gebrauchen sind, aber manchmal kann man doch beobachten, dass Beziehungen genau so funktionieren und das macht es leichter, auch in düsteren Augenblicken ein wenig zu schmunzeln, wie sehr die Menschen doch durch ihr Unbewusstes gesteuert sind.

Sprachliche Durchsetzungsmethode

„Schallplatte mit Sprung"
Bei dieser Methode geht es darum, sich vom Gegenüber weder ablenken, manipulieren noch unter Druck setzen zu lassen. Das können wir erreichen, indem wir uns darauf konzentrieren, beharrlich an unserem Ziel festzuhalten. Da heißt, wir ignorieren bewusst und konsequent die Einwände und Ausflüchte, Rechtfertigungen

und Aufforderungen, Fragen und Erwartungen der Gegenseite und bleiben strikt bei dem, was wir fordern, sagen oder erreichen wollen. Diese Vorgehensweise heißt „Schallplatte mit Sprung". Sie wird vorgestellt in dem Buch von *Alexa Mohl „Auch ohne dass ein Prinz dich küßt".*

A   stellt eine legitime Forderung
B   leistet Widerstand
A   besteht auf seiner Forderung: Ich verstehe dass ..., aber ich
     möchte ...
B   leistet Widerstand
A   besteht auf der Forderung

und so weiter, bis B am Ende der Argumente angekommen ist und aufgibt, Widerstand zu leisten und auf die Forderung von A eingeht.

Dazu ein praktisches Beispiel:
Sie wollen Ihren Jahresurlaub planen. In den letzten Jahren gab es immer wieder Meinungsverschiedenheiten darüber, ob Sie ihn rechtzeitig beantragt hätten, oder er sollte ganz plötzlich um eine Woche verschoben werden, am besten wäre es, Sie würden ganz darauf verzichten. Sie gehen zum Vorgesetzten und bitten ihn, Ihr Urlaubsgesuch (schriftlich) entgegenzunehmen.

Sie: „Herr Schulze, ich möchte in der Zeit vom ... bis ... Urlaub, hier bringe ich Ihnen das schriftliche Urlaubsgesuch und bitte Sie, mir bis in zwei Wochen zu sagen, ob Sie diesen Urlaub bewilligen können."

Chef: „Also Frau X, Sie können doch jetzt nicht von mir verlangen, dass ich weiß, was in acht Monaten los ist – kommen Sie im Juni wieder."

Sie: „Der Urlaub muss bis Ende November gebucht werden, deshalb bringe ich" (... siehe oben).

Chef: „Im Moment habe ich dafür keinen Kopf, nehmen Sie den Wisch mit und kommen morgen wieder!"

Sie: „Sie hätten noch zwei Wochen Zeit für die Bewilligung, aber heute möchte ich Ihnen ..."

Chef: „Her mit dem Zettel und raus!"

Sie: „Danke!"

Anderes Beispiel:
Kollege Braun hat die Bilanz vom Vormonat noch nicht fertiggestellt,
Sie brauchen diese aber, um die Kalkulation für den nächsten Monat
machen zu können.

Sie: „Herr Braun, ich brauche Ihre Bilanz vom Juni."
Er: „Heute nicht."
Sie: „Ich brauche sie heute!"
Er: „Erst muss ich noch die Krankheitslisten auswerten, dann
wollte der Chef noch was mit mir besprechen, um 15 Uhr
habe ich einen Arzttermin, Sie sehen, es geht heute nicht
mehr."
Sie: „Ich brauche die Bilanz heute, Herr Braun."
Er: „Vor Montag kann ich sie unmöglich fertigstellen."
Sie: „Ich brauche sie heute."
Er: „Wenn ich doch sage, es geht nicht!"
Sie: „In einer Stunde werde ich noch einmal mit Ihnen darüber
sprechen, Sie wissen, ich brauche sie heute."
Er: „Nie und nimmer heute."
Sie: (Nach zwei Stunden) „Herr Braun..."
Er: „Sie töten meinen letzten Nerv, da liegen Ihre blöden
Bilanzen, aber lassen Sie mich jetzt in Ruhe!"
Sie: „Ich wusste doch, dass Sie mich verstehen, vielen Dank Herr
Braun!"

5.1 Gespräch mit dem Chef

Chef bittet unerwartet zum Gespräch
Tief durchatmen, Ruhe bewahren, eventuell lächeln.
Er zählt auf, was Sie falsch gemacht haben, findet Sie unmöglich,
untragbar. Sie fühlen sich schrecklich.

Sie reagieren:
Ernste Miene, aber freundlich: „Ich habe zur Kenntnis genommen,
dass Sie meine Arbeit/mein Verhalten nicht akzeptieren können.
Bitte geben Sie mir zwei Stunden – zwei Tage Zeit, ich werde nach-
prüfen, was an Ihren Vorwürfen richtig ist und dann ein Gespräch
mit Ihnen über die notwendigen Maßnahmen führen."

oder:

Ernst, aber freundlich: „Ich habe Ihre Vorwürfe zur Kenntnis genommen, sagen Sie mir nun bitte auch, welche Beweise oder Zeugen Sie dafür haben."

oder:

„Ich hätte gerne über den Inhalt dieses Gespräches ein schriftliches Protokoll, wollen Sie dies veranlassen oder soll ich selbst eines erstellen und Ihnen dann zur Kenntnis bringen?

oder:

Breites Grinsen: „Ach, Sie sind also auch dem neusten Firmen-klatsch aufgesessen? Über welche Buschtrommel ist das denn zu Ihnen gekommen?"

oder:

Ernst: „In diesem Ton lasse ich nicht mit mir reden. Bitte beruhigen Sie sich, es ist besser, wir vereinbaren einen neuen Termin oder Sie teilen mir schriftlich mit, was Sie mir zu sagen haben."

Gespräch zu einem bestimmten Thema

Zuerst nachfragen, wer sonst noch teilnimmt, denn es sollte eine Balance zwischen unterschiedlichen Ansichten bestehen, also nicht nur Kritiker an Ihnen oder Ihrer Arbeit, sondern genauso viele Teil-nehmer, die auf Ihrer Seite sind, mindestens jedoch eine Person.

Bei Gesprächen über Kündigung, Abmahnung, Versetzung immer eine absolute Vertrauensperson mitnehmen, das kann Betriebs-/Personal-rat, Vertrauensmann/Frau sein oder eine mutige Kollegin/mutiger Kollege.

Immer ein Gesprächsprotokoll anfordern.

Sich niemals im ersten Gespräch rechtfertigen, immer erst die Vorwürfe entgegennehmen, nachfragen, aufschreiben, vor allem Daten, Personen, Fakten.

Nachfragen, welche Konsequenzen diese Vorwürfe haben werden, arbeitsrechtlich oder für den Arbeitsablauf, auf die persönliche Laufbahn.

Schlusssatz für solche Besprechungen:

„Ich sehe, dass Sie ein Problem haben, ich werde mein Möglichstes tun, um im Interesse eines reibungslosen Arbeitsablaufes eine Klä-rung herbeizuführen. Könnten wir uns am … um … erneut treffen?"

Der Chef spürt einen enormen Erfolgszwang und es stürmen Tag für Tag mehr negative Fakten auf ihn ein als positive, denn für alles, was gut läuft, braucht man ja den Chef nicht. Es ist deshalb klüger, alle Anliegen an den Chef positiv zu formulieren. Was bringt es dem Chef, wenn er Ihr Anliegen unterstützt? Warum ist Ihr Vorschlag der bessere?

Wie Sie mag auch ein Vorgesetzter lieber freundliche Gesichter sehen. Versuchen Sie deshalb, Ihre Vorgesetzten als ganz normale Mitmenschen anzusehen, nicht als eine Kategorie profilierungssüchtiger Machos oder Emanzen. Sie sind ein Zahnrad in der Lebensuhr des Betriebes, wie Sie und alle anderen. Nur wenn alle Zahnräder optimal funktionieren, kann das Produkt erfolgreich sein. Deshalb behandeln Sie Ihren Chef so, wie Sie von ihm behandelt werden möchten.

Strategieplanung: Der Vorgesetzte wünscht ein Gespräch
Überlegen Sie, was er sagen könnte und schreiben Sie diese Sätze auf.

Überlegen Sie, was Sie darauf erwidern könnten – und vergessen es! Was ist Ihre Vermutung, was mit dem Gespräch erreicht werden soll?
Was wollen Sie erreichen?
Wie können Sie das erreichen?

Viele Fragen, die Sie wahrscheinlich erst nach dem Gespräch beantworten können. Und genau das ist der Grund, eine Strategie auszuarbeiten, damit am Ende Sie erreichen können, was Sie wollen und nicht in hoffnungslose Rechtfertigungsarien und Vorwurf-Marathon-Veranstaltungen verfallen.

Eine mögliche Strategie, die für fast alle Gelegenheiten passt:
- Termin so legen, dass Sie anschließend nach Hause gehen können.
- Erkundigen Sie sich freundlich, was der Vorgesetzte sagen möchte.
- Nachfragen: Wie kommen Sie zu dieser Meinung/Ansicht?
- Aufgrund welcher Unterlagen/Beweise kommen Sie zu der Annahme, dass der Fehler/das Versäumnis durch mich verursacht wurde?

- Fragen: „Kann ich mir das kurz notieren?" (Stichworte aufschreiben)
- Fragen: „Was erwarten Sie künftig von mir?" (Stichworte aufschreiben)
- Auf die Bitte, Stellung zu nehmen, können Sie antworten: „Bitte haben Sie Verständnis dafür, dass ich nicht sofort dazu Stellung nehmen kann. Ich muss mir das durch den Kopf gehen lassen, mich selbst auch informieren und bitte Sie in zwei Tagen um einen neuen Gesprächstermin."
- Sie lassen sich zu keiner unfreundlichen Äußerung hinreißen!
- Sie werden sich nicht rechtfertigen!
- Sie werden nicht weinen!

5.2 Gespräch mit den Kollegen

Ihre Kollegen und Kolleginnen haben mit der Firmenleitung einen Arbeits- oder Anstellungsvertrag abgeschlossen, genau wie Sie. Darin sind die Rahmenbedingungen, die Bezahlung, das Aufgabengebiet geregelt. Es steht jedoch nichts darüber, dass Sie die anderen Kollegen und Kolleginnen mögen müssen.

Kollegen untereinander haben keine vertraglich geregelten Rechte und Pflichten. Letzte Instanz für Meinungsverschiedenheiten ist deshalb für jede und jeden der jeweilige Vorgesetzte. Ein Teil seines Gehaltes ist in dieser Tatsache begründet, deshalb kann er für diese Angelegenheiten auch in Anspruch genommen werden. Je weniger das notwendig ist, desto freudiger wird er sich dann im Bedarfsfall engagieren.

Man sollte immer versuchen mit den Kollegen ein gutes Arbeitsklima zu erarbeiten. Maßstab dafür ist nicht, wie viele Feste gefeiert werden, auch nicht die nachmittägliche Kaffeepause oder die Pizza nach Feierabend. Ein gutes Arbeitsklima ist für mich, wenn alle mit Achtung und Respekt behandelt werden, egal ob Staplerfahrer, Sekretärin, Konstrukteur, Buchhalterin oder Geschäftsführer. Weder die Kleidung oder das Geschlecht noch die Nationalität ist wichtig; ausschlaggebend ist nur, wie die Zusammenarbeit funktioniert.

Gute Zusammenarbeit ist ein Geben und Nehmen. Eine gepflegte Gesprächskultur und ein freundlicher Umgangston helfen, die manchmal unangenehmen Sachzwänge gemeinschaftlich zu bewältigen. Wenn ich mich von einem Kollegen oder einer Kollegin schlecht behandelt fühle, vielleicht sogar gemobbt, hilft mir dieser gedankliche Hintergrund, den richtigen Ton für eine klärende Besprechung zu finden.

Ich würde vermeiden, das Wort Mobbing zu benutzen, wenn es zu einer Aussprache kommt. Stattdessen würde ich, je nach Gegebenheit, folgende Begriffe verwenden:

> „Ich habe die Unterlagen/den Termin nicht erhalten, bis zum (Tag, Uhrzeit) brauche ich sie. Falls ich bis dahin nicht informiert bin, muss ich Sie für die Konsequenzen leider in die Verantwortung mit einbeziehen. Ich werde eine Aktennotiz erstellen, zu Ihrer Kenntnis und für alle beteiligten Abteilungen.“

Wichtig:
Arbeitsleistung einfordern, niemals die Würde verletzen!

Niemals drohen, sondern die gemeinsame Verantwortung betonen. Bei Meinungsverschiedenheiten möglichst viele in die Meinungsbildung mit einbeziehen, schlichten oder entscheiden muss letztendlich der Vorgesetzte.

Bei Angriffen auf die Würde, die Ehre, die Gesundheit, bei Rufmord oder Beleidigung kann der oder die Betreffende im Rahmen des Bürgerlichen Gesetzbuches zivilrechtlich zur Verantwortung gezogen werden. Dazu müssen Sie mit Beweisen für das schädigende Verhalten zu einem Anwalt gehen, dieser wird diejenige oder denjenigen schriftlich auffordern, die Beleidigungen oder Drohungen einzustellen. Bei Nichtbefolgung wird angedroht, die Sache vor den Richter zu bringen.

Schädigendes Verhalten von Kollegen untereinander sollte dem Chef zur Kenntnis gebracht werden. Er hat im Rahmen seiner Fürsorgepflicht für die Gesundheit und körperliche Unversehrtheit seiner Untergebenen zu sorgen. Unterlässt er dies, kann er bei einem dadurch entstehenden Schaden zur Verantwortung gezogen werden.

Auch bei Gesprächen mit den Kollegen hilft Ihnen Humor um die steilsten Klippen. Eine gesunde Portion Selbstsicherheit und das Wissen, dass man niemanden mögen muss, nur weil er in derselben Firma arbeitet, bringt Lockerheit in den trüben Alltag.

5.3 Gespräch mit dem Arzt

Bei Suizidgefahr sollte der Betroffene sofort – **wirklich sofort** – in ärztliche Behandlung!

Mobbing kann krank machen. Die ständige Alarmbereitschaft braucht Kraft, es gibt immer weniger Gelegenheiten zum Auftanken, da auch in der Freizeit die Gedanken ständig am Arbeitsplatz sind und versuchen, die nächste Attacke vorauszusehen und sich zu schützen. Wer nachts überhaupt noch schlafen kann wird von Albträumen geplagt, aber die meisten Betroffenen schlafen schon gar nicht mehr. Die pure Erschöpfung drückt gelegentlich mal für zwei, drei Stunden die Augen zu, mit Schlafen hat dieser Zustand aber nichts gemeinsam. Der Magen verweigert den Dienst, der Hunger fehlt oder wird übermächtig, manchmal erscheint der „Retter" Alkohol das einzige Mittel zu sein, die Gedanken abzuschalten und sich für eine Weile besser zu fühlen.

Wie das bei Ihnen aussieht, können nur Sie selbst wissen, und genau das müssen Sie dem Arzt beschreiben.

Sagen Sie also nicht:

> „Ich werde gemobbt!" sondern:

> „Ich kann nicht mehr schlafen, habe Schmerzen im Kopf, Magen, Rücken, kann mich nicht konzentrieren, denke an Selbstmord."

Wichtig ist auch, wann die Beschwerden angefangen haben, wie oft sie auftreten, bei welchen Anlässen. Der Arzt sollte zuhören und auch nach Ihrer privaten und beruflichen Situation fragen. Auch wenn er für Ihre Situation kein Verständnis zeigt, sollte er auf Sie eingehen und mit Ihnen Hilfsmöglichkeiten besprechen – nicht nur Medikamente einsetzen.

Arbeitsunfähig?

Oberstes Gebot ist die Erhaltung der Gesundheit. Dazu kann es notwendig werden, mit dem Arzt die Ausstellung einer Arbeitsunfähigkeits-Bescheinigung zu besprechen. Dazu ein Auszug aus einem Artikel von Dr. med. Argeo Bämayr (Deutsches Ärzteblatt 98, Heft 27 vom 06.07.2001):

„Jedes Versicherungssystem ist (...) bestrebt, aus Kostenminimierungsgründen das Mobbingopfer wieder der Arbeit zuzuführen, obwohl alle Maßnahmen, die (...) am Mobbingopfer ansetzen, regelmäßig scheitern. In Ermangelung einer gutachterlichen Überprüfung des Zusammenhangs der Krankheitssymptome mit der beruflichen Situation kommt es in Verbindung mit intrapsychischen Abwehrmechanismen der meist nicht ausreichend ausgebildeten Gutachter häufig zu willkürlichen Entscheidungen, die die Opfer teils noch stärker traumatisieren als das Mobbing selbst – so etwa wenn Mobbingopfern durch Beendigung der Arbeitsunfähigkeit die ,Willensanstrengung‘ zur Bewältigung der Angst auferlegt wird, sich dem Psychoterror der Mobber erneut auszusetzen. Diese Aufforderung zur Willensanstrengung hat ihre Berechtigung bei unbegründeten Ängsten (zum Beispiel Klaustrophobie), aber nicht bei begründeten Ängsten. Verstoß gegen Arbeitsschutzgesetz.

Wer dies verlangt, mobbt mit, obwohl die Arbeitsunfähigkeits-Richtlinien im Punkt 1 Satz 1 und 2 ausdrücklich die Attestierung der Arbeitsunfähigkeit erlauben, ,wenn aufgrund eines bestimmten Krankheitszustandes, der für sich allein noch keine Arbeitsunfähigkeit bedingt, absehbar ist, dass aus der Ausübung der Tätigkeit für die Gesundheit oder die Genesung abträgliche Folgen erwachsen, die Arbeitsunfähigkeit unmittelbar hervorrufen‘.

Diese durch den Kostendruck bedingten ,Gesundschreibungen‘ haben ein nicht mehr hinzunehmendes Ausmaß erreicht.

Mobbing als Akt des Psychoterrors stellt einen Verstoß gegen das Arbeitsschutzgesetz (ArbschG) dar, wonach jeder Arbeitnehmer ein Recht auf eine ,menschengerechte Gestal-

tung der Arbeit' hat, wonach, vom Arbeitgeber Maßnahmen
mit dem Ziel zu planen sind, Technik, Arbeitsorganisation,
sonstige Arbeitsbedingungen, soziale Beziehungen und Ein-
fluss der Umwelt auf den Arbeitsplatz sachgerecht zu ver-
knüpfen."

Arbeitsunfähig!
Psychosomatische Symptome bessern sich nicht, solange Sie der
Situation ausgesetzt sind, die sie verursachen. Deshalb ist der sinn-
vollste Weg, die Situation zu meiden, Kraft zu sammeln, und erst
wenn dies erreicht ist, kann man den Schritt zurück wagen. Es nützt
Niemandem, wenn Sie zwei Wochen zu Hause waren und in der
dritten zitternd und schwitzend wieder an die Arbeit gehen, nur um
nach drei Tagen völlig zusammenzubrechen. Bleiben Sie lieber
sechs Wochen zu Hause, versuchen Sie abzuschalten, nur an angenehme Dinge zu denken und nicht an die Arbeit. Wenn die Kraft
wiederkommt, kommen auch Ideen, wie Sie die Situation anders
angehen könnten, wie Sie wieder arbeiten könnten.

5.4 Gespräch beim Arbeitsamt

Das Arbeitsamt ist Ansprechpartner, wenn ein Ende oder eine
Änderung im Beschäftigungsverhältnis abzusehen ist, oder wenn
die Situation untragbar erscheint, so dass Sie kündigen möchten.

Die Kündigung eines bestehenden Arbeitsverhältnisses ohne die
Sicherheit eines folgenden bedeutet die Verhängung einer Sperrfrist
vom Arbeitsamt. Das heißt, das Arbeitslosengeld wird erst nach
einer bestimmten Zeit bewilligt. Sie müssten also eine Zeit ohne
Sicherung, ohne Krankenversicherung und Beiträgen zur Renten-
versicherung, überstehen.

Bei bestimmten Voraussetzungen kann diese Sperrfrist erlassen
werden, es ist deshalb ganz wichtig, mit dem oder der zuständigen
Sachbearbeiter/in Kontakt aufzunehmen. Schildern Sie Ihre Situation, als Unterstützung können Sie eine Stellungnahme des Haus-
arztes anbieten. Manche Arbeitsämter wollen eine ärztliche Be-
scheinigung haben, aus der hervorgeht, dass die weitere Beschäftigung am seitherigen Arbeitsplatz vom gesundheitlichen Gesichts-

punkt her unzumutbar oder mit Gefahren für die körperliche oder psychische Gesundheit verbunden ist.

- Melden Sie sich so früh wie möglich „arbeitssuchend", so dass Sie Zugang zu allen über das Arbeitsamt angebotenen Stellen haben.
- Erkundigen Sie sich nach Qualifizierungsangeboten, nach Weiterbildungs- oder Umschulungsmaßnahmen; alles ist besser als Perspektivlosigkeit.
- Nehmen Sie zum Besuch beim Arbeitsamt alles mit, das Ihnen wichtig erscheint, vor allem Arbeitsvertrag, Zeugnisse, Qualifizierungs-Nachweise.
- Versuchen Sie sich in die zuständige Sachbearbeiterin hineinzuversetzen: Sie sind die 27. Arbeitssuchende an diesem Tag, sie hat sich schon mit 25 Biografien auseinandergesetzt. Was müssen Sie sagen, dass sie Ihre Biografie schnell, korrekt und emotionslos aufnehmen kann? Überlegen Sie das mindestens einen Tag im Voraus.

Bewährt hat sich dabei folgende Taktik:
Ich bin
    Namen
    erlernter Beruf
    zur Zeit beschäftigt als
    bei Firma

Ich möchte
    was: eine vergleichbare Stelle/möglichst schnelles Ende des Arbeitsverhältnisses/Beratung wegen bevorstehender Kündigung oder eben das für Sie Richtige
    warum: meine Gründe dafür sind …
    wie können Sie mich dabei unterstützen?

Versuchen Sie Ihr Anliegen immer in einem einzigen Satz vorzutragen, wenn Unklarheiten oder Wissensbedarf besteht, wird die Sachbearbeiterin von sich aus nachfragen.

Negativ-Beispiel für eine Vorstellung beim Arbeitsamt:
„Ah – äh, hmm … wissen Sie, ich werde gemobbt und halte das einfach nicht mehr aus! Der Chef hat …, die eine Kollegin, die mit den roten Schuhen, die immer über die andere, die Anne herzieht und …"

Falls die Sachbearbeiterin nicht eingeschlafen oder geflüchtet ist, hat sie eine Beförderung verdient. Je realistischer Sie sich darstellen, desto kompetenter können Sie beraten werden.

5.5 Gespräch mit dem Rechtsanwalt

Rechtsanwälte haben manchmal ein Problem mit dem Begriff Mobbing. Erst seit 2001 gibt es Urteile, in denen die speziellen Schwierigkeiten beim Nachweis von Mobbing berücksichtigt werden.

Unabhängig davon gibt es aber auch die Möglichkeit, wegen ganz klar definierten Tatbeständen zu klagen:

Beleidigung
Üble Nachrede, Rufmord
Körperverletzung

Um eine Klage einreichen zu können brauche ich Beweise oder Zeugen, und beides ist bei Mobbing eher selten.

Wie komme ich zu Beweisen?
Briefe und sonstige Schriftstücke können als Beweise dienen. Es muss versucht werden, die Mobber zu schriftlichen Stellungnahmen oder Äußerungen zu bringen. Dies geht vielleicht, indem Sie einen Rechtsanwalt auffordern, einen Brief an Ihren Mobber zu schreiben, in dem er ihn auffordert, bestimmte Handlungen oder Tätigkeiten zu unterlassen, widrigenfalls wird Unterlassungsklage eingereicht. Der Mobber könnte sich über seinen Anwalt zur Wehr setzen und die angemahnten Vorgänge anders darstellen. Das nehmen Sie zur Kenntnis und verhalten sich ruhig. Kommt derselbe Angriff wieder, schicken Sie noch einen Brief per Anwalt. Es wird wieder eine Rechtfertigung geben. Eventuell steht in diesen beiden Schreiben nun etwas, das Ihr Anwalt in Verbindung mit der dauernden Wiederholung in einen vorhandenen Straftatbestand „verpacken" kann, dann könnten Sie theoretisch auch eine Klage einreichen.

Auch bei der Aushandlung einer Abfindung kann ein Anwalt behilflich sein. Wenn Sie der Firma vorschlagen wollen, dass Sie bei Zahlung einer ordentlichen Abfindung „gehen" würden, dann wird Ihnen die Firma antworten: „Sie können gerne gehen, aber eine

Abfindung gibt es nicht!" Deshalb ist eine gut durchdachte Strategie des Anwaltes wichtig, bei der niemals zu früh der Vorschlag einer Abfindung kommen darf.

Die neuen Urteile, deren Aktenzeichen im Anhang zu finden sind, anerkennen die Beweisnot und sind ein Anfang zur gerechten Beurteilung von Mobbing.

5.6 Gespräch mit der Krankenkasse

Alle Krankenkassen sind daran interessiert, dass Sie gesund bleiben oder wieder werden. Sie finden dort immer Ansprechpartner, die Sie bei der Suche nach einem Arzt oder einer Therapie, einer Behandlungsmöglichkeit oder einer Kur unterstützen. Diese Abteilung nennt sich meist **sozialer** oder **psychologischer Dienst.** Dort finden Sie Fachleute, mit denen Sie Ihre berufliche Situation offen ansprechen können.

Aus meiner Erfahrung kann ich sagen, dass unser Problem dort gut bekannt ist und dass Mobbing sich zu einem enormen Kostenfaktor für die Krankenkassen entwickelt hat. Deshalb sind sie auch bereit, alles zu tun was möglich ist, um vorzubeugen oder aufzufangen.

Kur über die Krankenkasse:
Nicht nur der Rentenversicherer kann eine Kurmaßnahme bewilligen, auch über die Krankenkassen ist das möglich. Sie können Heilmaßnahmen zur Erhaltung der Gesundheit bewilligen, die Rentenversicherer müssen dagegen die Kur- und Rehamaßnahmen tragen, die der Wiederherstellung der Arbeitskraft dienen.

Krankenkassen-Kuren haben ein kürzeres Bewilligungsverfahren und der Hausarzt und Sie können bei der Wahl des Kurortes und des Zeitpunktes mitreden.

6.   „Auszeit" planen

Sind Sie Marathonläufer? Ich schaffe das nicht, so lange Zeit am Stück zu laufen, ohne Schlaf, ohne Essen.

Aber zehn Stunden Arbeit, danach fünf Stunden versuchen abzuschalten, ohne Erfolg, drei Stunden grübeln, zwei Stunden im Bett hin und her wälzen, aufstehen, Magenschmerzen, noch einmal drei Stunden Kissen zerwühlen, aufstehen, zur Arbeit – oder lieber gegen einen Baum??? – dasselbe stets aufs Neue. Und das fünf Tage in der Woche, am Wochenende Horrorträume, was mich am Montag wohl erwarten mag, dann wieder fünf Tage und so geht das monatelang, Jahre.

Auch wenn von jetzt auf nachher der ganze Spuk aufhören würde, wäre das zunächst keine Befreiung, ich bin viel zu fertig, um das zu realisieren. Noch viel weniger bin ich in der Lage, meine Situation in vollem Umfang geistig zu erfassen oder gar zu einer vernünftigen Gegenwehr.

Mir hat in dieser Situation geholfen, dass ich einige Tage Urlaub genommen habe. Für diese Zeit nahm ich mir vor, meine Situation zu überdenken und zu überlegen, wie ich sie verändern könnte. Es war Herbst, ich machte lange Spaziergänge in Wind und Regen, kein Mensch sah mich und ich konnte mir den Frust von der Seele weinen. Zu Hause saß ich dann bei einem heißen Tee und Kerzenlicht. Es hat eine gute Woche gedauert, bis ich von der Vergangenheit in der Gegenwart gelandet bin. Was ist von meinen Träumen übriggeblieben? Meine Ideale von einem sinnerfüllten Berufsleben sind gestorben, alles hat sich reduziert auf funktionieren, schlucken, wegsehen, Fassade aufrecht halten. Und so noch zwei Jahrzehnte weitermachen? Niemals!

Mein Widerstand erwachte, eine Erinnerung an Jugendträume kam mir in den Sinn. So sollte mein Leben eigentlich aussehen! Warum nicht? Ich hatte die Kraft, dem ganzen Terror zu trotzen, warum sollte ich nicht genug Kraft haben, Träume zu verwirklichen?

Nun müssen die Jugendträume nicht ewig Gültigkeit haben, im Lauf des Lebens lernen wir Neues kennen, der Horizont erweitert sich,

Erfahrung dämpft Euphorie. Aber ein unbändiges Glücksgefühl erfüllte mich, denn ich hatte mich selbst wiedergefunden, mit all meinen Wünschen, dem Vertrauen in meine Fähigkeiten und der Erfahrung, die größten Schwierigkeiten zu überstehen.

Genau das meine ich mit „Auszeit":
    Zu sich selber finden,
    zu den Bedürfnissen, den Wünschen,
    zu der Kraft im Herzen und im Kopf.

Bei dieser Suche nach den eigenen Wurzeln kann Ruhe helfen, aber auch Begegnung mit Freunden, neue Erfahrungen mit neuen Menschen, ein Urlaub oder eine Kur, manchmal auch eine Therapie.

6.1 Eine Kur kann helfen

Eine Kur kann beantragen, wer gesundheitlich „angeschlagen" ist und bei dem über längere Zeit keine Besserung des Zustandes erreicht werden konnte. Der Hausarzt oder Fachärzte müssen den Gesundheitszustand beurteilen. Kuranträge gibt es bei den Krankenkassen, auch manche Ärzte haben sie vorrätig.

Bei Berufstätigen ist in erster Linie der Rentenversicherer, also BfA oder LVA, der Kostenträger, der die Kur bewilligen muss. Wenn der Rentenversicherer diese Kur ablehnt, kann man an die Krankenkasse herantreten und dort einen Antrag stellen.

Kuren gibt es für die verschiedensten Krankheitsformen, für Asthma, Diabetes, Rheuma, Badekuren, Heilklimatische Kuren und für psychosomatische Erkrankungen. Bevorzugen würde ich diejenige, die bei Ihren Beschwerden den besten Heilungserfolg verspricht.

Oft wird bei Mobbingopfern eine psychosomatische Kur empfohlen. Dabei ist zu beachten, dass solche Kuren meist länger als drei Wochen dauern, sechs bis zwölf Wochen, soll ein Erfolg sichtbar werden. Diese Zeitdauer ist sicher ein angemessener Zeitrahmen, um Probleme in der Persönlichkeit aufzudecken und zu bearbeiten. Aber wenn ein Kollege länger als vier Wochen in Kur ist, weiß jeder, dass es eine psychosomatische Kur war. Wenn nun im Vorfeld schon immer behauptet wurde, dass der Betroffene psychisch krank sei und aus diesem Grunde im Team gemobbt wurde, ist die Inanspruchnahme einer psychosomatischen Kur ein „Beweis" für die These der Mobber.

Die Angst, hinterher erst recht als „Geistesgestörter" angesprochen zu werden, ist nicht unberechtigt. Wie so oft im Leben muss abgewägt werden und die Entscheidung liegt immer bei Ihnen. Sollten Sie eine psychosomatische Kur wünschen, wäre es wichtig, den Schwerpunkt auf traumatische Erlebnisse und deren Bewältigung zu legen. In einer Sucht-Klinik sind Sie dagegen höchstwahrscheinlich nicht optimal untergebracht.

Wollen Sie nach der Kur nicht wieder an den Arbeitsplatz zurück, ist es wichtig, dass im Entlassungsbericht steht: „arbeitsunfähig entlassen". Meist machen die Kliniken immer wieder klar, dass in diesem Hause jeder gesund entlassen wird. Ich würde dem nicht widersprechen. In den Einzelgesprächen, besonders zum Schluss hin, würde ich jedoch immer betonen, dass der Zustand meiner Gesundheit noch weit vom Normalen entfernt ist und ich mir nicht vorstellen kann, die Arbeit wieder aufzunehmen.

Eine Lösung könnte ein so genannter „Arbeitsversuch", das heißt eine stundenweise Wiedereingliederung, oder die Unterbringung in einer ambulanten Therapie zu Hause sein.

6.2 Therapie zu Hause

Kuren sind nicht jedermanns Geschmack, das eigene Bett ist viel Wert und die eigene Umgebung bietet gerade dann Sicherheit und Schutz, wenn anscheinend die Welt drum herum aus den Fugen ist. Unterstützung in schweren Lebenskrisen können Psychologen leisten, die es in jeder Stadt gibt. Leider haben gute Fachleute lange Wartezeiten. Bei der Suche nach einem geeigneten Psychologen müssen Sie fragen, welche Therapieformen er anwendet. Weniger geeignet ist bei Mobbingschäden eine Psychoanalyse oder andere analytische Methoden. Dabei gerät die Selbstsicherheit noch mehr ins Wanken, Kindheitskränkungen werden wachgeredet und schmerzen noch zusätzlich. Ich finde eine Verhaltenstherapie am sinnvollsten. Sie wirkt schnell und alte Wunden werden nicht aufgerissen.

Aber es gibt eine solche Vielfalt an Therapeuten und Therapien, ich möchte mir da kein Urteil erlauben. Wer hilft, hat recht. Ich finde es besser, ich kann mir selbst helfen, denn ich stehe mir ja auch selbst am nächsten und bin immer erreichbar.

Die Psychiatrischen Krankenhäuser bieten meist auch ambulante Therapien an, Tagesklinik genannt. Diese Einrichtungen sind dann zu empfehlen, wenn man zu Vereinsamung neigt, sich von der Welt abschottet und so nicht wirklich gesund werden kann. Es werden vielfältige Gesprächsmöglichkeiten und Beschäftigungen angeboten, bis hin zu Arbeitstherapien.

7. Gemeinsamkeit hilft

Mobbing ist Ausgrenzung – Gemeinsamkeit wirkt hier entgegen. Eine geeignete Art der Gemeinsamkeit wäre es, sich in Selbsthilfegruppen zu organisieren.

Im Bereich der Gesundheitsstörungen sind Selbsthilfegruppen anerkannt als Informationsbörsen über Therapie, Medikamente, Fachärzte und als Kommunikationseinrichtung. Es gibt spezielle Sportangebote, aber auch gemeinsame Freizeitgestaltung mit der Möglichkeit, persönliche Kontakte zu knüpfen und zu pflegen.

Bei Bereichen, die nicht im Vordergrund Krankheit oder Gesundheit als Thema haben, sondern ein gesellschaftliches oder soziales Thema, hat sich eher der Begriff „Initiative" eingebürgert. Man geht davon aus, dass das Ziel einer Initiative die Veränderung von bestimmten Bedingungen ist.

Wenn ich dann bei Mobbing, das keine Krankheit sondern ein soziales Verhalten beschreibt, trotzdem an die Wirkung von Selbsthilfegruppen glaube, hat das verschiedene Gründe.

7.1 Selbsthilfegruppe – was bringt das?

Das Ziel von Mobbing ist Ausgrenzung.

Ausgrenzung widerspricht der menschlichen Natur, da der Mensch ein soziales Wesen ist und Gemeinsamkeit und Integration elementar wichtig sind für die körperliche und psychische Gesundheil. Das heißt, dass die Gesundheit, die Existenz eines Menschen, von Mobbing bedroht werden kann. Es wird dabei von einigen Unbeteiligten toleriert, dass gegen ein Mitglied der Gemeinschaft von einem Einzelnen oder einigen gemeinsam ein Verhalten ausgeübt wird, dessen Ziel die Vernichtung dieses Gruppenmitgliedes ist.

Es gibt die Möglichkeit, alle zuständigen Institutionen um Unterstützung anzurufen. Würde dieser Weg beschritten hieße das, der Betroffene müsste seine Situation anderen schildern, darauf vertrauen, dass diese seine Situation erkennen und handelnd eingreifen. Das heißt in der Praxis: Es muss der Betriebsrat, die

Vorgesetzten, die Gewerkschaft, ein Jurist und eventuell das Gericht eingeschaltet werden. Das Problem wird öffentlich, es wird öffentlich diskutiert, Schuld zugeschrieben und Lösungen gesucht. Nicht immer ist aber für andere der psychische Druck und die Verletzung der menschlichen Würde offenbar. Zu leicht unterstellt man dem Klagenden, zu sensibel zu sein, die Dinge zu dramatisieren und vor allem gibt es ja auch selten Beweise für die Übergriffe. Am Ende könnte er oder sie dieses Urteil dadurch bestätigen, dass die Nerven blank liegen und kaum noch sachliche Gespräche möglich sind.

Was tun? Nicht Gespräche mit Unbeteiligten suchen, sondern mit anderen Betroffenen. Sie erleben ähnliches, können verstehen, von welchen Qualen man spricht, ohne nach Beweisen zu fragen.

Was bringt das, sich mit anderen Mobbing-Betroffenen auszutauschen? Jeder hat sein Problem, das fast nicht mehr erträglich ist, kann nur unter Tränen davon erzählen und schämt sich deswegen doppelt. Wie sollen sich solche bis ins Mark getroffene Menschen gegenseitig helfen?

Allein schon die Tatsache, dass es anderen ähnlich ergeht zeigt, dass der „Fehler" nicht nur bei mir selbst liegen kann und mein Eindruck stimmt, dass jemand mir übel mitspielt. Es werden Unterschiede sichtbar, sowohl was die Mobbing-Handlungen betrifft als auch die Art und Weise, wie darauf reagiert wird und wie stark sie das Befinden beeinflussen. Anhand von diesen Unterschieden können Reaktionsmöglichkeiten gesehen werden und auf Nützlichkeit im eigenen Fall überdacht werden.

Der täglichen Ausgrenzung wirkt die Teilnahme an einer Selbsthilfegruppe entgegen, denn dort kennen sich alle aus mit den Gedanken und Gefühlen bei Mobbing. Es entwickeln sich teilweise langdauernde Weggemeinschaften und Freundschaften. Es ist eine Möglichkeit, ohne Einsatz von viel Geld und ohne das eigene Problem öffentlich zu machen, Handlungsperspektiven und Lösungsansätze zu finden.

Die Selbsthilfegruppe sollte auf gegenseitige Unterstützung gegründet sein, das heißt, jede oder jeder stellt sein Wissen zur Verfügung, ohne jedoch aktiv in die Probleme anderer einzugreifen.

Es sollte immer die „Selbst-Hilfe" an erster Stelle stehen. Nur so kann der Betroffene Kompetenzen zur Konfliktlösung erwerben, die dann im weiteren Leben nutzbringend wirken können.

7.2 Wie finde ich andere Betroffene?

Als ich mich auf die Suche nach Leidensgefährtinnen machte, habe ich in der Lokalzeitung eine Anzeige mit den Worten: „Mobbing-Betroffene sucht andere zum Meinungsaustausch" veröffentlicht, Zuschriften unter Chiffre-Nr. XXXX. Darauf haben sich fünf Personen gemeldet, wir haben einige Male telefoniert und uns dann in einem Gasthaus getroffen. Diese Räumlichkeit war für das Treffen nicht das Richtige, denn wir fühlten uns beobachtet, niemand wollte so recht reden. Es war schnell klar, dass wir einen Raum wollten, in dem wir frei reden konnten. Aber wo könnten wir einen solchen Raum finden? Wir wussten, dass Selbsthilfegruppen Räume in öffentlichen Gebäuden nutzen können und so wurde der Gedanke geboren, auch eine Selbsthilfegruppe zu gründen. Um unser Anliegen bekannt zu machen, habe ich mit einer Redakteurin unserer Zeitung einen Termin vereinbart und unser Anliegen vorgestellt. Ich hatte auch schon einen Text für einen Artikel vorbereitet, und sie hat diesen dann in der Zeitung veröffentlicht. Als Kontaktmöglichkeit diente meine Telefonnummer. Das ist zwar nicht unproblematisch, aber in den vielen Jahren bis heute hat noch nie jemand die Nummer missbraucht oder mich belästigt.

Sollten Sie sich überlegen, ebenfalls eine Selbsthilfegruppe zu initiieren, könnte die folgende Checkliste hilfreich sein:

1. Artikel in der Lokalzeitung
    Erst anrufen oder die Redaktion anschreiben und um einen persönlichen Termin bitten.
2. Das Anliegen schildern, eventuell einen vorher verfassten Artikel mitbringen. Kontaktadresse oder Telefonnummer nennen.
3. Eventuell gleich einen Gruppenraum suchen, indem man sich in dem Artikel an Institutionen (kommunale, kirchliche, soziale) wendet und bittet, einen Raum zur Verfügung zu stellen.

Nach einem solchen Aufruf in der Zeitung melden sich einige per Telefon, die mehr wissen wollen über die Gruppe, andere wollen ihr Problem schildern, manche wissen nicht, ob das Mobbing ist, was mit ihnen geschieht, und wollen darüber reden. Wenn ich selbst meine Telefonnummer dafür zur Verfügung gestellt habe, gebe ich natürlich gerne Auskunft. Das möchte aber eventuell nicht jede/jeder, in diesem Fall würde ich einen Termin für das erste Kennenlernen nennen und die Beantwortung der anstehenden Fragen bis dahin verschieben. Das setzt allerdings voraus, dass es bereits einen Raum gibt und auch schon ein Termin festgelegt wurde.

7.3 Einen geeigneten Gruppenraum finden

Nicht jeder Raum ist für eine Selbsthilfegruppe geeignet. Bei meinen Mobbing-Selbsthilfegruppen lege ich Wert darauf, dass der Raum nicht zu groß ist, abgeschlossen, so dass niemand mithören kann, wenn möglich mit gemütlicher Atmosphäre. Meine Erfahrung zeigt, dass meist etwa sechs bis zwölf Personen teilnehmen. Es sollten, für alle Fälle, zwanzig Stühle vorhanden sein. Ein Tisch wäre auch gut, um darauf die Gruppenunterlagen, Getränke, Blumen, Taschentücher abzulegen.

Bevor man sich auf die Raumsuche macht sollte auch geklärt sein, wie oft sich die Gruppe treffen möchte. Mein Vorschlag sind monatliche Treffen, wobei vereinbart werden kann, sich dazwischen nach Telefonrundruf auch ohne öffentliche Ankündigung zu treffen. Dann muss klar sein, dass der Raum auch an diesem Tag frei ist.

Sinnvoll ist, zunächst bei folgenden Stellen nachzufragen, ob eine Raumnutzung möglich wäre:

1. Kommunale Räume
    Die meisten Städte und Gemeinden haben Räume, die von Vereinen genutzt werden können. Man fragt beim Bürgermeisteramt, Ordnungsamt oder einfach bei der Bürgersprechstunde nach, ob es eine Zeit gibt, zu der ein Raum genutzt werden könnte.

2. Kirchliche Räume
   Auch die Kirchengemeinden stellen ihre Gruppenräume zur Verfügung. Man fragt beim Pfarramt nach, eventuell wird man dann an die zuständigen anderen Stellen weiterverwiesen.

3. Soziale Einrichtungen und andere Organisationen
   Das Rote Kreuz, Malteser, Pro Familia, Krankenkassen stellen ebenfalls Räume zur Verfügung. Ebenfalls telefonisch einen ersten Kontakt herstellen und dann im persönlichen Gespräch die Einzelheiten klären.

Meist sind die Räume belegt und es ist nicht einfach, eine Lücke zu finden. Hier hilft nur Geduld und viel Überzeugungsarbeit. Manchmal kennt jemand einen, der eine kennt, die wiederum einen anderen kennt, der Beziehungen zu jemand hat...

Kosten:
Die meisten Räume bekommt man nicht umsonst. Entweder zahlt jeder Teilnehmer pro Treffen einen bestimmten Betrag oder die Gruppe muss einen Jahresbeitrag leisten. Diese Kosten sollten 3 € pro Sitzung und Person oder einen Jahresbeitrag von 80 € für die Gruppe nicht überschreiten. Diese Kosten werden dann bei jedem Treffen eingesammelt und weitergeleitet.

7.4 Das erste Treffen und die Gruppenregeln

Für das erste Treffen schlage ich vor, die notwendigen Formalitäten zu klären und daraus eine „Gruppenverfassung" zu erstellen. Darin wird festgehalten, wie die Treffen ablaufen, welche Regeln gelten, die Kostenfrage und die Gruppenziele. Und so könnten die Gruppenregeln aussehen:

Gruppenregeln:
- Anrede
  Um die Einzelnen zu schützen halte ich es für wichtig, keine Nachnamen zu nennen. Deshalb stellt sich jede/jeder nur mit dem Vornamen vor. Ob man dann Du oder Sie sagt, kann nach Belieben und individuell festgelegt werden.
- Geheimhaltungspflicht
  Alle Gruppenteilnehmer werden verpflichtet, das in der Gruppe gesprochene nicht nach außen zu tragen. Trotzdem

empfiehlt es sich, in den Äußerungen vorsichtig zu sein, mindestens so lange, bis man alle Teilnehmer/Teilnehmerinnen kennt, bis sie ihr Problem geschildert haben und fest steht, dass sie selbst ebenfalls betroffen sind und nicht nur einen interessanten Abend in der Gruppe erleben möchten.

- Reden und Zuhören
  Es redet immer nur eine/einer, die anderen hören zu. Die Redezeit sollte so bemessen sein, dass alle Teilnehmer zu Wort kommen können. Es wird niemand unterbrochen. Fragen können gestellt werden, müssen aber nicht beantwortet werden.

- Gruppenziel
  Ziel sollte sein, jedes Gruppenmitglied durch Gespräche in der Entwicklung von Eigenkompetenz zu trainieren und zu stärken. Ziel kann und sollte nicht sein, Beratungen durchzuführen, denn dadurch wird die Möglichkeit genommen, selbstbestimmt und eigenverantwortlich zu handeln. Das Mitglied bliebe in der Rolle des „Behandelten" und wird nicht zum „Handelnden".

- Ausschluss von der Gruppe
  Wer sich nicht an die Gruppenregeln hält, die Gruppe stört, Einzelne beleidigt oder Interna nach außen trägt, kann von den Teilnehmern mit einfacher Mehrheit ausgeschlossen werden und muss dann den Raum sofort verlassen. Verantwortlich für die Einleitung von solchen Maßnahmen ist die Gruppenleitung.

Natürlich können diese fünf Punkte nur eine grobe Orientierung sein. Jede Gruppe wird die eigenen Regeln von Zeit zu Zeit überdenken und eventuell verändern. Mein Vorschlag dazu ist, jeweils am Ende des Jahres in einem speziell dazu angesetzten Treffen darüber zu sprechen.

7.5 Planung und Durchführung von Gruppentreffen

Wer sich als Gruppenleiter/in mit der Planung für das nächste Treffen befasst, sollte sich klar darüber sein, dass eigene Probleme nicht im Vordergrund stehen dürfen. Es wäre sinnvoll, wenn jemand die Gruppe erst dann leitet, wenn die eigene Situation geklärt ist.

Nachfolgend beschreibe ich, wie ich die Gruppentreffen vorbereite und leite. Das heißt nicht, dass diese Form unabdingbar ist, sie hat sich in meiner Praxis durch die Jahre hin so entwickelt und sie wird sich weiterhin verändern, denn es ändern sich die Teilnehmer und damit die Probleme, und meine Ansichten müssen auch nicht immer so bleiben wie heute.

Ich verständige die örtliche Presse durch eine Pressemitteilung von dem Treffen, möglichst am Samstag der Vorwoche, da die Samstagsausgaben die größte Auflage haben. Dort nenne ich Tag, Uhrzeit und Ort des Treffens, für Rückfragen auch eine Telefonnummer.

Am Tag des Treffens sollte die Gruppenleiterin als Erste anwesend sein, den Raum aufschließen und eventuell lüften, die Gruppenordnung für Neulinge auslegen, ebenfalls Flyer und Infomaterial.

Die Gruppensitzung wird pünktlich eröffnet mit der Begrüßung der Teilnehmer/innen, Bekanntgabe der Tagesordnung und dem Hinweis auf die Gruppenregeln, vor allem die Verschwiegenheitspflicht. Auf der Tagesordnung stehen wichtige Termine, z.B. von Veranstaltungen zum Thema oder Fernsehsendungen. Wichtige Diskussionen sollten stets gemeinsam terminiert werden: entweder am Schluss oder am Beginn, wobei ich den Schluss bevorzuge, denn aktuelle Probleme von Einzelnen stehen für mich im Vordergrund. Neue Teilnehmer haben auch meist kein Interesse an „Vereinsgeschichten", sie wollen ihr Problem besprechen.

Die Zusammensetzung der Gruppe schwankt erfahrungsgemäß ständig: Zu den „alten" Mitgliedern kommen bei jedem Treffen neue dazu, das heißt, jedesmal neue Probleme. Um sich kennenzulernen, stellen sich in unserer Gruppe zu Beginn alle nacheinander mit ihrem Vornamen vor und schildern kurz ihr Problem.

Wichtig: Neue stellen sich als Erste vor!
Mit dieser Maßnahme schließe ich aus, dass jemand die Gruppe missbraucht als billige Unterhaltung oder Selbstdarstellungspodium. Es ist schon vorgekommen, dass Zeitungsreporter unter den Teilnehmern saßen, hätten wir unsere Probleme besprochen, wer weiß, was dann am anderen Tag in der Zeitung gestanden hätte.

Es gibt auch immer wieder Psychologen, Schriftsteller, Partei-fanatiker, die glauben, in einer Gruppensitzung Stoff für ihre beruf-liche Karriere zu finden. Wenn ein solcher Besuch angemeldet wurde und die Gruppe zustimmt, ist nichts dagegen zu sagen.

Um den Einstieg zu erleichtern, verfahre ich folgendermaßen:

1. Ich bitte jeden Teilnehmer, in maximal drei Sätzen zu sagen, warum er hier ist und was er von der Gruppe heute erwartet.
    Vorteile: Das persönliche Problem wird für alle sichtbar und die Gruppe kann sich zu der Erwartung an sie äußern.

2. Gleichzeitig kündige ich an, am Ende des Treffens wieder jede/n zu fragen, ob die persönlichen Erwartungen erfüllt wurden oder nicht und was er/sie in den nächsten vier Wochen besonders beachten oder üben möchte.
    Vorteile: Es wird für alle erkennbar, ob das Treffen für die Einzelperson nützlich oder nicht nützlich war. Mit der Formu-lierung einer „Übungsaufgabe" erreiche ich ein Weiterwirken der Gruppensituation in den Alltag, es ist ein kleiner Schritt auf dem Weg heraus aus einer belastenden Situation und diese Schritte gehen zu lernen ist Gruppenziel.

3. Abfragen der Übungsaufgaben vom letzten Mal, sofern sie nicht unter Punkt 1 bereits beantwortet wurden.

Effektiver wird dieses Vorgehen, wenn ich die Fragen aufschreibe und zu Beginn verteile, so dass die Teilnehmer sie schriftlich be-antworten können und dann nur noch ablesen müssen. So wird es auch möglich, den Teilnehmern eine Entwicklung über einige Zeit zu verdeutlichen, indem sie diese Blätter sammeln und von Zeit zu Zeit durchlesen können.

Als Gruppenleiterin habe ich die Verantwortung dafür, dass alle Teilnehmer zu Wort kommen und nicht einige wenige zu lange sprechen. Das gelingt am besten, wenn ich die Teilnehmerzahl durch die Zeitspanne teile, die wir zur Verfügung haben. Sind es zehn Teil-nehmer und wir haben zwei Stunden Zeit, dann heißt die Rechnung:

120 Minuten : 10 Redner = 12 Minuten pro Person

Es könnte also recht eng werden, aber die Erfahrung hat gezeigt, dass nicht alle ihre Redezeit voll beanspruchen, andere dagegen wieder viel mehr zu sagen hatten.

Wenn es absehbar ist, dass die Zeit nicht reichen wird, könnte man darüber abstimmen, ob es möglich wäre, die Sitzung zu verlängern oder ein neues Treffen außer der Reihe zu vereinbaren. Diese Entscheidung ist natürlich auch davon abhängig, wie die Raumnutzung vereinbart wurde.

Wenn die vorgesehene Zeit sich ihrem Ende zuneigt, sollte die Gruppenleitung dies ankündigen und abfragen, ob jemand noch etwas zu einem heute besprochenen Thema sagen möchte. Danach könnte dann der „Arbeitssatz" für die nächsten Tage erfragt und aufgeschrieben werden. Der Termin für das nächste Treffen wird bekanntgegeben und Wünsche für die Tagesordnung aufgenommen, eventuell wird auch die Gruppenleitung bestimmt, wenn man sich für einen regelmäßigen Wechsel entschieden hat.

Als Abschluss sollte nochmals auf die Geheimhaltungsverpflichtung hingewiesen werden.

7.6   Probleme in Gruppen

Ich möchte hier nur auf die Probleme eingehen, die in Mobbing-Selbsthilfegruppen auftreten.

- Neuen Gruppenmitgliedern fällt das Reden schwer
  Diese Klippe kann mit gezielten Fragen umgangen werden: Beginn der Mobbinggeschichte, letztes Ereignis, schlimmstes Ereignis. Beispiel: „Was hast Du heute als Mobbing erlebt?"
- Es bricht jemand In Tränen aus
  Sicher kann das jede/r Teilnehmer/in nachvollziehen, aber trotzdem sollten nun nicht alle anderen mitweinen. Verständnis für die Tränen zeigen, fragen, ob man mit einem Taschentuch oder einem Getränk helfen kann.
  In solchen Situationen sollte die Gruppenleitung sensibel versuchen, das Gespräch auf neutrale Themen zu lenken wie z.B. ob es einen Arbeitsvertrag gibt, wie lange die Ausbildung gedauert hat, wie viele Arbeitnehmer in der Firma beschäftigt sind. Dann kann versucht werden, die Situation, die zum Tränenausbruch geführt hat, mit den Worten eines anderen Gruppenmitgliedes zu beschreiben und die anderen zu fragen,

wie sie in dieser Situation reagiert hätten. Dies kann zu einer gefühlsmäßigen Distanzierung führen, die der Betroffene als Erleichterung erlebt. Wenn er sieht, welche anderen Verhaltensmöglichkeiten es gäbe, kann sogar eine gewisse Situationskomik entstehen, die dann für eine Entkrampfung sorgt.

- Jemand erzählt eine endlos erscheinende Geschichte
  Mit dem Hinweis auf die begrenzte Redezeit bitten, das letzte Mobbing-Ereignis zu schildern, vielleicht auch das am häufigsten vorkommende, um dann anhand dieser eine Strategie zu entwickeln.
  Beispiel: Es wird ständig Termindruck gemacht – wie könnte man darauf reagieren?

- Jemand äußert heftige Aggressionen, Morddrohungen, oder Vergeltungsgedanken
  Die Gruppenleitung sollte solche Dinge sehr ernst nehmen und sofort zum gemeinsamen Thema machen. Solche Gedanken sind legitim, bringen aber nur noch mehr Schwierigkeiten, wenn sie umgesetzt werden. Eventuell am Ende der Gruppensitzung ein Angebot zur Diskussion im kleinen Kreis machen.
  Mich machen solche Gedanken immer sehr betroffen, ich fühle mich machtlos und äußere dies dann auch. Ich plädiere in diesem Fall dafür, Ärzte oder Psychologen zu konsultieren, da nur Fachleute erkennen können, ob und auf welche Weise geholfen werden könnte.

- Jemand äußert Selbstmordgedanken
  Hier sollte Rat von professionellen Krisenexperten eingeholt werden. Den oder die Betreffende ernst nehmen und vereinbaren, dass man in einer Stunde telefoniert, am anderen Tag ein Treffen vereinbart, Hilfeadressen austauscht.

- Es ist jemand in der Gruppe, der eigentlich kein Mobbingproblem hat
  Beispiel: „Mein Chef mobbt einen Kollegen"
  Die Gruppe sollte abstimmen, ob sie einverstanden ist, dass diese Person teilnimmt. Ich praktiziere es so, dass diese Person den Raum verlassen muss und dann abgestimmt wird. Ist nur ein Gruppenmitglied gegen eine Teilnahme, kann die Person nicht weiter teilnehmen.

- Besserwisser
  Besserwisser gibt es immer und überall. Meist hilft ein Hinweis auf den Namen der Gruppe: Selbst-Hilfe-Gruppe, und nicht Gegenseitig-Beratungs-Verein. Es sollte jeder von jedem lernen; der Besserwisser kann über eine gewisse Zeit lernen, dass sein Rat nicht notwendig ist.
- Zu viele oder zu wenige Teilnehmer/innen
  Die ideale Gruppengröße ist zwischen sechs und zwölf Teilnehmer/innen.
  Sind es zu wenige, können sie entscheiden, ob das Treffen trotzdem stattfindet oder nicht. Sind es zu viele, könnte ein Treffen in einer der nächsten Wochen festgesetzt werden. Entweder geht man in kurzer Zeit auf viele verschiedene Probleme ein, oder man entschließt sich, die Gruppe zu teilen. Das nächste Mal trifft sich dann die eine Hälfte, in der Woche darauf die andere Hälfte.

7.7 Öffentlichkeitsarbeit

Sie ist wichtig, damit Betroffene überhaupt davon erfahren, dass es eine solche Gruppe gibt. In jeder Stadt gibt es Stellen, die Selbsthilfegruppen registrieren, z.B. das Bürgerbüro, Frauenbeauftragte, Krankenkassen, Kirchen. Die örtliche Presse veröffentlicht kostenlos die Termine der Treffen und ist meist auch gerne bereit, umfangreichere Artikel zur Arbeit in der Gruppe zu veröffentlichen.

Über Volkshochschulen und die Bildungswerke der Kirchen können öffentliche Veranstaltungen geplant werden, auf denen z.B. ein Mobbing-Experte ein Referat hält mit anschließender Diskussion. Dasselbe ist auch über die Gewerkschaften möglich.

III Resümee

Das Allerwichtigste bei Mobbing ist, sich aus der Opfer-Rolle zu befreien und Eigen-Kompetenz zu entwickeln!

Zu jedem Zeitpunkt liegt es an Ihnen selbst, Ihr berufliches Schicksal nach Ihren Vorstellungen zu beeinflussen. Sie haben dabei immer mehrere Möglichkeiten; Sie müssen lernen diese zu sehen und sich für eine zu entscheiden.

Sie können sich selbstverständlich auch dafür entscheiden, die Opfer-Rolle weiterhin zu übernehmen, wenn Ihnen dieser Weg als einzig möglicher erscheint. Aber vergessen Sie nicht, zu jedem Zeitpunkt ...

1. Reden hilft

Es ist im Grunde völlig gleichgültig, wo Sie diese Gemeinsamkeit suchen, es kann ein Sportverein sein, eine Theatergruppe, gute Freunde. Wichtig ist, dass Sie auftanken, neue Energie und Lebensfreude gewinnen und Themen miteinander besprechen, bei denen Sie mitreden können und anerkannt werden.

In einer Gruppe mit anderen Mobbing-Betroffenen kann ganz kompetent über die Probleme am Arbeitsplatz gesprochen werden. Eine „Selbst-Hilfe-Gruppe" bietet viele Möglichkeiten:

Über Erfahrungen zu reden und anderen dabei zuzuhören erweitert den eigenen Erfahrungshorizont.

Man lernt andere Menschen mit anderen Empfindlichkeiten und anderen Fähigkeiten kennen und kann von deren Erfahrungen für das eigene Verhalten Anregungen erhalten.

Es ist sehr hilfreich, das eigene Problem in Relation zu dem anderer Menschen zu sehen, eine häufige Reaktion neuer Gruppenmitglieder ist der Satz: „Ich wusste gar nicht, dass andere genauso verzweifelt sind, dass es noch viel schlimmere Situationen gibt als meine." Dies ist eine Motivation, anderen zu helfen und damit auch sich selbst, denn der Zugang zu der eigenen Energie wird möglich. Es ist gerade diese Gemeinsamkeit, die Balsam ist für Wunden durch Mobbing.

Sicher ist Mobbing eine traumatische Erfahrung, die Spuren in der Psyche hinterlässt und die den Lebensweg ganz gewaltig beeinträchtigen kann. Um die Schäden zu begrenzen und Wunden heilen zu lassen ist es hilfreich, über die traumatischen Erfahrungen zu reden; am besten mit Menschen, die ähnliche Erfahrungen machen mussten.

2.   Humor und Mutterwitz

Mobbing und Humor? Ist das nicht ein Widerspruch?

Manchmal kommt mir der Gedanke, dass das Theater eigentlich zum Lachen wäre, wenn es nicht so traurig wäre. Vielleicht sollten wir beides ausprobieren, das Weinen und das Lachen? Weinen geht meist ganz von selbst, oft war ich am Ende meiner Kraft und habe mich aus ganzem Herzen bedauert. Und dann gab es aber auch die Tage, an denen mir einfach alles gut gelang, da sah dann auch die Mobbing-Geschichte irgendwie anders aus. Meine Mobberin hatte eine wunderschöne rosarote Bluse an und sah aus wie eine rosa Wolke. Von da an nannte ich sie bei mir immer „Rosa Wolke" oder „Gewitterwolke", je nach Laune. Und schon bewegten sich meine Mundwinkel nach oben, ein Lächeln schlich sich heimlich über mein Gesicht. Von einem anderen „Opfer" hörte ich, dass der Chef immer von hinten angeschlichen kommt, um zu sehen, was gerade am PC gemacht wird. So leise er sich auch anschlich, stets knarrten die Schuhe, und da kam ihm der Spruch in den Sinn, dass nur Schuhe knarren, die nicht bezahlt sind. Das nächste mal, als er die knarrenden Schuhe hörte, sagte er „Ich höre Sie schon kommen, Ihre Schuhe sind wohl nicht bezahlt, sie knarren so laut!" Sie können sich das Gesicht des Chefs vorstellen?

Probate Mittel bei Vorgesetzten, die viel tadeln, sind auch lange Strichlisten an der Wand, ein Kreuz für einen Tadel, ein Kreis für ein Lob. Auf die Frage, was das soll, antworte ich: Bei zehn Kreisen arbeite ich freiwillig zwei Überstunden.

Ein simpler Spruch hat einer Bekannten den Alltag etwas leichter gemacht. Sie hat ihn auf einer Postkarte gelesen: „Die Liebe auch zu unseren Feinden ist der Schlüssel, mit dem sich die Probleme der Welt lösen lassen". Auf der Karte saßen Katze und Maus friedlich vor einer Futterschüssel. Deshalb habe ich im Anhang einige dieser Sprüche angefügt, vielleicht helfen sie über düstere Minuten hinweg. Nicht dass Sie mich falsch verstehen, es ist nicht das zwanghafte Schönreden, das ich meine, es ist einfach die Fähigkeit, über sich selbst zu lächeln, die ich bei Mobbing als Überlebensstrategie schätze. Wer über sich selbst lachen kann, darf auch über andere lachen. Und Lachen ist nun mal die freundlichste Art, anderen die Zähne zu zeigen.

Anhang

1.   Mobbing-Tagebuch

Mobbing-Tagebuch					
Datum					
Wo?					
Wer war anwesend?					
Wer war Angreifer?					
Angriff/Ablauf					
Ziel	Mit-teilungs-ebene	Soziale Ebene	Soziales Ansehen	Berufs-/Lebens-qualität	Gesund-heit
Beweise/Zeugen					
Gefühle					
Direkte Folgen					
Meine Konsequenzen					
Perspektiven					

2. Gerichtsurteile zum Thema Mobbing

LAG Thüringen, Urteil vom 15.02.2000
– 5 Sa 102/2000 –

Vorinstanz:
ArbG Eisenach
– 4 Ca 1037/98 –

Leitsätze:

1. Der Staat, der Mobbing in seinen Dienststellen und in der Privatwirtschaft zuläßt oder nicht ausreichend sanktioniert, kann sein humanitäres Wertesystem nicht glaubwürdig an seine Bürger vermitteln und gibt damit dieses Wertesystem langfristig dem Verfall preis. Entsprechend dem Verfassungsauftrag des Art. 1 Abs. 1 GG muss die Rechtsprechung in Ermangelung einer speziellen gesetzlichen Regelung, in Verantwortung gegenüber dem Bestandsschutz der verfassungsmäßigen Wertordnung und zur Gewährleistung der physischen und psychischen Unversehrtheit der im Arbeitsleben stehenden Bürger gegenüber Mobbing ein klares Stop-Signal setzen.

2. Auch die Arbeitnehmer sind in der Konsequenz des von der Verfassung vorgegebenen humanitären Wertesystems verpflichtet, das durch Art. 1 und 2 GG geschützte Recht auf Achtung der Würde und der freien Entfaltung der Persönlichkeit der anderen bei ihrem Arbeitgeber beschäftigten Arbeitnehmer nicht durch Eingriffe in deren Persönlichkeits- und Freiheitssphäre zu verletzen.

3. Zur Achtung der Persönlichkeitsrechte der ArbeitskollegInnen sind die Arbeitnehmer eines Betriebes unabhängig von den Ausstrahlungen der Verfassung auf die zwischen den Bürgern bestehenden Rechtsverhältnisse auch deshalb verpflichtet, weil sie dem Arbeitgeber keinen Schaden zufügen dürfen.

4. Aufgrund von Mobbinghandlungen kann ein solcher Schaden für den Arbeitgeber u.a. deshalb entstehen, weil für den von dem Mobbing betroffenen Arbeitnehmer – abhängig von den Umständen

des Einzelfalles – nach § 273 Abs. 1 BGB die Ausübung eines Zurückbehaltungsrechts an seiner Arbeitsleistung, die Ausübung des Rechts zur außerordentlichen Kündigung mit anschließendem Schadensersatzanspruch nach § 628 Abs. 2 BGB, unabhängig von der Ausübung eines solchen Kündigungsrechts die Inanspruchnahme des Arbeitgebers auf Schadensersatz wegen dessen eigener Verletzung von Organisations- und Schutzpflichten (positive Vertragsverletzung, § 823 Abs. 1 BGB) oder nach den hierfür einschlägigen Zurechnungsnormen des Zivilrechts (§§ 278, 831 BGB) für das Handeln des Mobbingtäters in Betracht kommen und bei Vorliegen der Zurechnungsvoraussetzungen des § 831 BGB grundsätzlich auch Schmerzensgeldansprüche gegen den Arbeitgeber gerichtet werden können.

5. Das sogenannte Mobbing kann auch ohne Abmahnung und unabhängig davon, ob es in diesem Zusammenhang zu einer Störung des Betriebsfriedens gekommen ist, die außerordentliche Kündigung eines Arbeitsverhältnisses rechtfertigen, wenn dadurch das allgemeine Persönlichkeitsrecht, die Ehre oder die Gesundheit des Mobbingopfers in schwerwiegender Weise verletzt werden. Je intensiver das Mobbing erfolgt, um so schwerwiegender und nachhaltiger wird die Vertrauensgrundlage für die Fortführung des Arbeitsverhältnisses gestört. Muss der Mobbingtäter erkennen, dass das Mobbing zu einer Erkrankung des Opfers geführt hat und setzt dieser ungeachtet dessen das Mobbing fort, dann kann für eine auch nur vorübergehende Weiterbeschäftigung des Täters regelmäßig kein Raum mehr bestehen.

6. Für die Einhaltung der für den Ausspruch einer außerordentlichen Kündigung bestehenden zweiwöchigen Auschlußfrist des § 626 Abs. 2 BGB kommt es bei einer mobbingbedingten außerordentlichen Kündigung entscheidend auf die Kenntnis desjenigen Ereignisses an, welches das letzte, den Kündigungsentschluss auslösende Glied in der Kette vorangegangener weiterer, in Fortsetzungszusammenhang stehender Pflichtverletzungen bildet.

7. Die juristische Bedeutung der durch den Begriff „Mobbing" gekennzeichneten Sachverhalte besteht darin, der Rechtsanwendung Verhaltensweisen zugänglich zu machen, die bei isolierter Betrach-

tung der einzelnen Handlung die tatbestandlichen Voraussetzungen von Anspruchs-, Gestaltungs- und Abwehrrechten nicht oder nicht in einem der Tragweite des Falles angemessenen Umfang erfüllen können. Wenn hinreichende Anhaltspunkte für einen Mobbing-komplex vorliegen, ist es zur Vermeidung von Fehlentscheidungen erforderlich, diese in die rechtliche Würdigung miteinzubeziehen. Kündigungsrechtlich bedeutet dies, dass die das Mobbing ver-körpernde Gesamtheit persönlichkeitsschädigender Handlungen als Bestandteil einer einheitlichen Arbeitsvertragsstörung sowohl den sachangemessenen Anknüpfungspunkt und Grund für den Ausspruch einer Kündigung als auch die Grundlage für deren gerichtlichen Überprüfung bildet.

8. Da es aus rechtlicher Sicht bei Mobbing um die Verletzung des allgemeinen Persönlichkeitsrechts und/oder der Ehre und/oder der Gesundheit geht und die in Betracht kommenden Rechtsfolgen das Vorliegen eines bestimmten medizinischen Befundes nicht in jedem Fall voraussetzen, ist jedenfalls für die juristische Sichtweise nicht unbedingt eine bestimmte Mindestlaufzeit oder wöchentliche Mindestfrequenz der Mobbinghandlungen erforderlich.

9. Unabhängig davon, ob es bei der gerichtlichen Prüfung um eine Kündigung, Abwehr- oder Schadensersatzansprüche geht, kann allerdings das Vorliegen eines „mobbingtypischen" medizinischen Befundes erhebliche Auswirkungen auf die Beweislage haben: Wenn eine Konnexität zu den behaupteten Mobbinghandlungen feststellbar ist, muss das Vorliegen eines solchen Befundes als ein wichtiges Indiz für die Richtigkeit dieser Behauptungen angesehen werden. Die jeweilige Ausprägung eines solchen Befundes kann ebenso wie eine „mobbingtypische" Suizidreaktion des Opfers im Einzelfall darüberhinaus Rückschlüsse auf die Intensität zulassen, in welcher der Täter das Mobbing betrieben hat. Wenn eine Kon-nexität zu feststehenden Mobbinghandlungen vorliegt, dann besteht eine von der für diese Handlungen verantwortlichen natür-lichen oder juristischen Person zu widerlegende tatsächliche Ver-mutung, dass diese Handlungen den Schaden verursacht haben, den die in dem medizinischen Befund attestierte Gesundheits-verletzung oder die Suizidreaktion des Opfers zur Folge hat.

10. Das Prinzip der Rechtsstaatlichkeit (Art. 20 Abs. 3 GG) und die Wahrung des Rechtsfriedens erfordern für die Durchführung von Gerichtsverfahren Regeln, die unabhängig von der Komplexität von Sachverhalten und ohne Ansehen der für die Justiz durch das Verfahren entstehenden Belastungen, der Durchsetzung des materiellen Rechts und damit der Gerechtigkeit Geltung verschaffen. Bei einem sich über einen unbestimmten Zeitraum erstreckenden Geschehen, wie es z.B. bei Mobbing der Fall ist, kann von dem Betroffenen nicht ohne weiteres erwartet werden, daß er ohne Rückgriff auf gegebenenfalls tagebuchartig zu führende Aufzeichnungen zu einer vollständigen und damit wahrheitsgemäßen Aussage in der Lage ist, sei es, daß er als Partei in einem von ihm selbst betriebenen Mobbingschutzprozess nach § 141 ZPO angehört oder nach § 448 ZPO vernommen wird oder sei es, dass er als Zeuge in einem den Täter des Mobbings betreffenden Kündigungsschutzprozess aussagen muss. Bei der Aussage über länger zurückliegende Ereignisse kann deshalb ein Zeuge oder eine Partei auf seine bzw. ihre im unmittelbaren zeitlichen Zusammenhang mit diesen Ereignissen zur Gedächtnisstütze gefertigten Notizen und erst recht auf eine zu diesem Zweck gefertigte eidesstattliche Versicherung Bezug nehmen, wenn die Nichtgestattung der Bezugnahme auf eine Verhinderung der Beweisführung hinausliefe und diese Schriftstücke zu den Akten gereicht werden oder sich bereits dort befinden. Zur Ausschließung der schriftlichen Vorbereitung einer zum Zwecke der Wahrheitsverschleierung dienenden „Aussagekosmetik" oder von dritter Seite vorformulierter Aussagen muss allerdings die vorzunehmende Glaubwürdigkeitsprüfung einem besonders strengen Massstab unterworfen werden. Dabei kommt es insbesondere auf die Umstände des Zustandekommens der schriftlichen Aufzeichnungen an, die gegebenenfalls durch gerichtliche Rückfragen und Vorhaltungen überprüft werden müssen.

LAG Thüringen, Urteil vom 24.04.2001
– 5 Sa 403/00 –

Vorinstanz:
ArbG Gera
– 4 Ga 8/2000 –

Leitsätze:

1. Der Arbeitgeber ist verpflichtet, das allgemeine Persönlichkeitsrecht der bei ihm beschäftigten Arbeitnehmer nicht selbst durch Eingriffe in deren Persönlichkeits- oder Freiheitssphäre zu verletzen, diese vor Belästigungen durch Mitarbeiter oder Dritte, auf die er einen Einfluss hat, zu schützen, einen menschengerechten Arbeitsplatz zur Verfügung zu stellen und die Arbeitnehmerpersönlichkeit zu fördern. Zur Einhaltung dieser Pflichten kann der Arbeitgeber als Störer nicht nur dann in Anspruch genommen werden, wenn er selbst den Eingriff begeht oder steuert, sondern auch dann, wenn er es unterlässt, Maßnahmen zu ergreifen oder seinen Betrieb so zu organisieren, dass eine Verletzung des Persönlichkeitsrechts ausgeschlossen wird.

2. Eine Verletzung des allgemeinen Persönlichkeitsrechts des Arbeitnehmers kann nicht nur im Totalentzug der Beschäftigung, sondern auch in einer nicht arbeitsvertragsgemäßen Beschäftigung liegen. Eine solche Rechtsverletzung liegt vor, wenn der Totalentzug oder die Zuweisung einer bestimmten Beschäftigung nicht bloß den Reflex einer rechtlich erlaubten Vorgehensweise darstellt, sondern diese Maßnahmen zielgerichtet als Mittel der Zermürbung eines Arbeitnehmers eingesetzt werden, um diesen selbst zur Aufgabe seines Arbeitsplatzes zu bringen.

3. Aus dem Umstand, dass bloß für einen vorübergehenden Zeitraum in das allgemeine Persönlichkeitsrecht des Arbeitnehmers eingegriffen wird oder dem Arbeitnehmer dadurch keine finanziellen Nachteile entstehen, kann kein diesen Eingriff rechtfertigendes, überwiegendes schutzwürdiges Interesse des Arbeitgebers hergeleitet werden.

4. Bei dem Begriff „Mobbing" handelt es sich nicht um einen eigen-
ständigen juristischen Tatbestand. Die rechtliche Einordnung der
unter diesen Begriff zusammenzufassenden Verhaltensweisen beurteilt sich ausschließlich danach, ob diese die tatbestandlichen
Voraussetzungen einer Rechtsvorschrift erfüllen, aus welcher sich
die gewünschte Rechtsfolge herleiten läßt. Die juristische Bedeutung der durch den Begriff „Mobbing" gekennzeichneten Sachverhalte besteht darin, der Rechtsanwendung Verhaltensweisen
zugänglich zu machen, die bei isolierter Betrachtung der einzelnen
Handlungen die tatbesthandlichen Voraussetzungen von Anspruchs-,
Gestaltungs- und Abwehrrechten nicht oder nicht in einem der
Tragweite des Falles angemessenen Umfang erfüllen können.

5. Ob ein Fall von „Mobbing" vorliegt, hängt von den Umständen
des Einzelfalles ab. Dabei ist eine Abgrenzung zu dem im gesell-
schaftlichen Umgang im allgemeinen üblichen oder rechtlich erlaubten und deshalb hinzunehmenden Verhalten erforderlich. Im arbeits-
rechtlichen Verständnis erfasst der Begriff des „Mobbing" fort-
gesetzte, aufeinander aufbauende oder ineinander übergreifende,
der Anfeindung, Schikane oder Diskriminierung dienende Verhaltensweisen, die nach Art und Ablauf im Regelfall einer übergeordneten,
von der Rechtsordnung nicht gedeckten Zielsetzung förderlich sind
und jedenfalls in ihrer Gesamtheit das allgemeine Persönlichkeitsrecht oder andere ebenso geschützte Rechte, wie die Ehre oder
die Gesundheit des Betroffenen verletzen. Ein vorgefasster Plan ist
nicht erforderlich. Eine Fortsetzung des Verhaltens unter schlichter
Ausnutzung der Gelegenheiten ist ausreichend. Zur rechtlich
zutreffenden Einordnung kann dem Vorliegen von falltypischen
Indiztatsachen (mobbingtypische Motivation des Täters, mobbing-
typischer Geschehensablauf, mobbingtypische Veränderung des
Gesundheitszustands des Opfers) eine ausschlaggebende Rolle
zukommen, wenn eine Konnexität zu den von dem Betroffenen vor-
gebrachten Mobbinghandlungen besteht. Ein wechselseitiger Eska-
lationsprozess, der keine klare Täter-Opfer-Beziehung zulässt, steht
regelmäßig der Annahme eines Mobbingsachverhaltes entgegen.

6. Die vielfach dadurch entstehende Beweisnot des Betroffenen,
daß dieser allein und ohne Zeugen Verhaltensweisen ausgesetzt ist,
die in die Kategorie Mobbing einzustufen sind, ist durch eine Art. 6

Abs. 1 der Europäischen Menschenrechtskonvention (EMRK) und damit den Grundsätzen eines fairen und auf Waffengleichheit achtenden Verfahrens entsprechende Anwendung der §§ 286, 448, 141 Abs. 1 Satz 1 ZPO auszugleichen. Dabei muß die im Zweifel erforderliche Anhörung einer Partei bei der gerichtlichen Überzeugungsbildung berücksichtigt werden.

7. Der für eine auf Erfüllung (Vornahme einer Handlung, Unterlassung) gerichteten einstweiligen Verfügung erforderliche Verfügungsgrund liegt vor, wenn ihr Nichterlass auf eine Rechtsschutzverweigerung hinauslaufen würde und das sich aus dem summarischen Charakter des einstweiligen Verfügungsverfahrens ergebende Fehlentscheidungsrisiko der Antragsgegner trägt.

8. Die Auswahl des Rechtsschutzziels ist auch unter Geltung des im Verfahren der einstweiligen Verfügung die Anforderungen nach § 253 Abs. 2 Nr. 2 ZPO erleichternden § 938 Abs. 1 ZPO nicht dem Gericht überlassen.

9. Eine auf Feststellung gerichtete einstweilige Verfügung ist nur dann zulässig, wenn sie als Mittel des Rechtsschutzes nicht subsidiär ist und es völlig unzumutbar ist, den Antragsteller auf die Durchführung des Hauptverfahrens zu verweisen.

10. Weder Parteizustellung noch Amtszustellung sind Maßnahmen der Vollziehung einer einstweiligen Verfügung im Sinne des § 929 Abs. 2 ZPO.

11. § 929 Abs. 2 ZPO ist auch auf einstweilige Verfügungen anwendbar, die auf Unterlassung gerichtet sind.

12. Die Vollziehung von Unterlassungstiteln beginnt mit der Androhung von Ordnungsmitteln nach § 890 Abs. 1 ZPO. Dies gilt auch dann, wenn die Androhung des Ordnungsmittels gemäß § 890 Abs. 2 ZPO bereits in dem Unterlassungstitel enthalten ist.

13. Zur Wahrung der nach § 929 Abs. 2 ZPO einzuhaltenden Vollziehungsfrist reicht grundsätzlich der Antrag auf Vornahme von Vollstreckungsmaßnahmen aus. Ist dieser Antrag schon während des Erkenntnisverfahrens gestellt, um die von § 890 Abs. 2 ZPO vorgesehene Möglichkeit der bereits im Urteil erfolgenden Androhung

von Ordnungsmitteln wahrzunehmen, dann wird dadurch die Vollziehungsfrist nicht gewahrt. Die Wahrung der Vollziehungsfrist einer durch Urteil ergangenen, die Androhung von Ordnungsmitteln enthaltenden einstweiligen Unterlassungsverfügung kann deshalb frühestens mit deren Amtszustellung erfolgen, wenn nicht ausnahmsweise nach § 929 Abs. 3 ZPO hierfür bereits die Urteilsverkündung ausreicht.

14. Zur Erledigung einer auf Unterlassung gerichteten, zeitlich befristeten einstweiligen Verfügung und des hierüber geführten Rechtsmittelverfahrens durch Zeitablauf in der Rechtsmittelinstanz.

LAG Mainz, Urteil vom 16.08.2001
Aktenzeichen: 6 Sa 415/2001
Schadenersatz für Mobbing-Opfer: Schmerzensgeld wegen Persönlichkeitsverletzung.

LSG Rheinland-Pfalz, Urteil vom 28.06.2001
Aktenzeichen: L 1 AL 110/00
Nach eigener Kündigung bei Mobbing keine Sperrzeit.

BAG, Urteil vom 21.03.2001
Aktenzeichen: 5 AZR 352/99
Beschäftigungsverbot für Schwangere auch wegen Mobbing.

3.   Motivation …

Es ist nicht einfach, den Humor zu behalten bei Mobbing, aber gerade Humor ist eine ganz erprobte Waffe in den Niederungen menschlicher Schlachtfelder. Wer über sich selbst lachen kann, hat ein Ventil für Frustrationen, er braucht sich kein Magengeschwür anzuärgern, sondern lacht einfach.

So einfach ist das nicht, das weiß ich schon. Aber ist es einfacher, sich zu streiten, sich zu beleidigen und beleidigen zu lassen? Lächeln ist die freundlichste Art, die Zähne zu zeigen…

Ich habe einige solcher Sprüche gesammelt und sie aufgeschrieben:

Erst lernt der Mensch sprechen,
dann
den Mund zu halten

Gott gebe mir die Gelassenheit,
Dinge hinzunehmen, die ich nicht ändern kann,
den Mut, Dinge zu ändern, die ich ändern kann
und die Weisheit, das eine vom anderen zu unterscheiden.

Die Liebe auch zu unseren Feinden ist der Schlüssel,
mit dem sich die Probleme der Welt lösen lassen.
                                        (Martin Luther King)

Wer A sagt, der muss nicht B sagen. Er kann auch erkennen, dass A falsch war.   (Bert Brecht)

Wer fragt, ist ein Narr für fünf Minuten, wer nicht fragt, bleibt ein Narr für immer.   (Chinesisches Sprichwort)

Die Toren wissen gewöhnlich das am besten,
was der Weise versucht, jemals in Erfahrung zu bringen.
                                        (Ebner-Eschenbach)

Wir haben die Pflicht, stets die Folgen unserer Handlungen zu bedenken.   (Mahatma Gandhi)

Wir sind nicht nur für das verantwortlich,
was wir tun,
sondern auch für das, was wir nicht tun   (Molière)

Das ist der ganze Jammer: die Dummen sind so sicher und die Gescheiten so voller Zweifel!   (Bertrand Russell)

Wer arbeitet, macht Fehler
Wer viel arbeitet, macht viele Fehler
Wer keine Fehler macht wird befördert

Herr, lass Gras wachsen, die Zahl der Rindviecher wird immer größer!

Ein echter Mensch hat sein Geschick:
Dem bricht's das Herz, dem das Genick.
Nur die sehn meistens wir verschont,
Für die ein Schicksal sich nicht lohnt.   (von Eugen Roth)

Es stimmt, daß Arbeit noch keinen umgebracht hat, aber warum ein Risiko eingehen?   (Ronald Reagan)

Wer sich zu wichtig ist für kleine Arbeiten, ist meist zu klein für wichtige Arbeiten   (Jacques Tati)

Die meisten Menschen können zwar vergeben und vergessen, legen aber Wert darauf, daß die Vergebung nicht vergessen wird

Toleranz wird zum Verbrechen, wenn sie dem Bösen gilt
                                                          (Thomas Mann)

Zu den Steinen hat einer gesagt: „Seid menschlich." Die Steine haben gesagt: „Wir sind noch nicht hart genug."   (Erich Fried)

In einem Streitgespräch zwischen Computeranwendern wurde zu klären versucht, ob der Computer „männlich" oder „weiblich" ist?
Die Frauen votierten für „männlich" weil:
1. Man muss ihn erst anmachen, um seine Aufmerksamkeit zu erregen.
2. Er hat jede Menge Wissen, ist aber trotzdem planlos
3. Er sollte einem helfen, Probleme zu lösen, die halbe Zeit aber ist er selbst das Problem
4. Sobald man sich einen zulegt, kommt man drauf, dass, wenn man ein bisschen gewartet hätte, ein besserer zu haben gewesen wäre

Die Männer stimmten aus folgenden Gründen für „weiblich":
1. Nicht einmal der Schöpfer versteht ihre innere Logik
2. Die Sprache, mit der sie sich untereinander verständigen, ist für niemand sonst verständlich
3. Sogar die kleinsten Fehler werden im Langzeitgedächtnis zur späteren Verwendung abgespeichert
4. Sobald man einen hat, geht fast das ganze Geld für Zubehör drauf

Was sagt ein Mann, der bis zum Bauchnabel im Wasser steht? „Das geht über meinen Verstand."

Der Montag ist für manchen Beamten besonders stressig: Er muss zwei Kalenderblätter abreissen

Die schlimmsten Fehler macht man in der Absicht, einen Fehler gutzumachen. (Jean Paul)

Kluge Leute können sich dumm stellen, das Gegenteil ist schwieriger. (Kurt Tucholski)

Mein Lieblingsspruch:
Eine Frau, die so gut sein will wie ein Mann, hat einfach keinen Ehrgeiz. (Bodo Hauser)

Die Menschen stolpern nicht über Berge, sondern über Maulwurfshügel (Konfuzius)

Nichts auf der Welt ist so gerecht verteilt wie der Verstand: Jedermann ist überzeugt davon, daß er genug davon hat.
(René Descartes)

Das lachen verlernt?
Für Dich sind die Sprüche keine Hilfe, Du weißt nicht, wie Du den nächsten Tag überleben sollst.

Eines steht fest: Du musst auch heute Deinen Mobbern entgegen treten.

Vielleicht hilft Dir mein **Spiegel-Monolog:**
Du stehst auf, irgendwann führt Dich Dein Weg am Spiegel im Badezimmer vorbei. Das Gesicht im Spiegel kennst Du, aber heute ist es in absoluter Tiefstform.

133

Du kannst Dich mit ihm unterhalten:
„Hey, Du, lächle mal!"
„Hab keine Lust!"
„Das sieht man – denk mal an etwas ganz Schönes, stell Dir vor, Du sitzt am Meer, die Sonne scheint, die Wellen brechen sich an den Felsen. Schließ die Augen und stell Dir die Wärme vor, die Meeresbrise. Atme ganz tief, noch einmal, noch einmal, und nun öffne die Augen. Na, siehst Du, Du siehst schon besser aus."
„Keine Kunst, wenn ich heute Urlaub hätte, ginge es mir gleich besser. Aber ich muss zur Arbeit, und dort wartet das Grauen auf mich."
„Das Grauen ist nur dort, wo Du es zulässt. Du kannst Dir überall angenehme Gedanken machen und Dich dabei entspannen. Das wirst Du heute ausprobieren und mir morgen berichten, wie es funktioniert hat. Heute wirst Du versuchen, mindestens drei mal an etwas ganz Schönes zu denken, tief durchatmen, entspannen und dann weiterarbeiten."
„Na gut, mal sehen."
Kluge Leute behaupten, wenn man bewußt lächelt, würde durch die Reflexe in der Gesichtsmuskulatur eine Stimmungsaufhellung bewirkt, man muss nur lange genug durchhalten.

Oder Du versuchst es mit **positiven Formulierungen:**
Ich bin ruhig und gelassen.
Ich arbeite konzentriert und sicher, alles ist ganz klar und einfach.
Dieser Tag ist überschaubar und planbar, ich fühle mich sicher und stark.
Was ich will, das kann ich – was ich kann befriedigt mich.
Was andere denken ist ganz gleichgültig.

4. Literaturverzeichnis

Alt, Franz: Liebe ist möglich. R. Piper GmbH, München 1985.

Bämayr, Dr. med. Argeo: Mobbing: Hilflose Helfer in Diagnostik und Therapie. Deutsches Ärzteblatt 98, Heft 27 vom 06.07.2001, Seite A-1811.

Bertalanffy, Ludwig von: General System Theory: Foundations, Development, Applications. George Braziller Inc.

Esser, Axel; Wolmerath, Martin: Mobbing. Der Ratgeber für Betroffene und ihre Interessenvertretung. Bund-Verlag, Frankfurt am Main.

Fischer-Fabian: Die Macht des Gewissens. Droemersche Verlagsanstalt, München 1992.

Flach, Frederic F.: Depression als Lebenschance. Rowohlt Taschenbuch Verlag GmbH 1986.

Harris, Thomas A.: Ich bin o.k., Du bist o.k. Rowohlt Taschenbuch Verlag GmbH.

Hesse, Jürgen; Schrader, H.: Die Neurosen der Chefs. Eichborn-Verlag, Frankfurt a.M. 1993.

Leymann, Heinz: Der neue Mobbing-Bericht. Rowohlt Taschenbuch Verlag GmbH, Reinbek bei Hamburg,Juni 1995.

Lüssi, Peter: Systemische Sozialberatung, Praktisches Lehrbuch der Sozialberatung. Paul Haupt, Bern.

Meueler, Erhard: Wie aus Schwäche Stärke wird. Rowohlt Verlag GmbH 1987.

Mohl, Alexa: Auch ohne daß ein Prinz dich küßt. Junfermann Verlag Paderborn 1997.

Mohl, Alexa: Der Zauberlehrling. Junfermann 1997.

Mohl, Alexa: Der Meisterschüler. Junfermann 1996.

Rühl, Irmgard: Erfolg ist weiblich. Verlag Herder Freiburg, 1995.

Schauer, Renate: Mobbing. Kostspielige Kränkungen am Arbeitsplatz. Universum-Verlag, Wiesbaden 1998.